JN115829

# 新中小企業論

林　幸治 ［編著］

日本中小企業・
ベンチャービジネスコンソーシアム ［著］

文眞堂

# はしがき

　本書は日本中小企業ベンチャービジネスコンソーシアムの会員有志によっ
て執筆されました。本コンソーシアムは2002年に設立され，中小企業やベン
チャービジネスを対象として，自立して経営改革や新たな試みにチャレンジす
る企業や，ICTを活用したり新たな市場を開拓したりしようとするベンチャー
精神を有した企業を支援することを志してきました。そして，研究者や実務家
が研究を深め，さらには会員相互の情報交換を行うことによって，中小企業の
経営改革とベンチャービジネスの成長持続を支援することを継続的に行ってい
ます。これまでの活動の成果を書籍として出版したり，研究発表をしたりする
ことで世の中に公表してきました。

　今回，本書は「新中小企業」という名称を用いております。これは単なる中
小企業基本法の基準をもとにした施策対象としての中小企業とは一線を画する
ことを意味しております。敢えて"新"を付した理由は，規模にこだわらない
で企業の役割を再度見直そうという趣旨があったからに他なりません。折しも
2019年に端を発した新型コロナウイルスの影響は世界に広がり，日本各地で
経済的な打撃を受けています。これまで企業は利益の追求や効率性の追求を最
優先にしていたことは否めません。しかし，2021年現在，企業を取り巻く環
境はこれまでの概念や手法では対応しきれなくなってきています。単なる企業
単独の利益追求ではなく，ステークホルダーとの関係を見直し，企業が地域で
どのような役割を担っていくかを見直す機会だと我々は考えています。

　本書は大きく分けて3部構成となっております。第I部は「新中小企業」に
関する概念規定を行います。なぜ新たな視点で中小企業を捉える必要があるの
かを述べていきます。第II部では，地域に着目し，地域における中小企業の新
たな役割について検討していきます。新事業創出，産学官連携，雇用，金融機
関との関係について論じています。そして第III部では，今後中小企業がどのよ
うな展開をしていくべきなのかについて論じていきます。企業がICTを活用

しどのように事業展開していくのか，M&A をいかに活用するのか，そしてこれから必ず向き合うことが必要となる環境問題などについて議論を進めています。

　本書は中小企業経営や中小企業に関心のある大学生の皆さん，企業経営者や地域の企業にお勤めになっている皆さん，そして中小企業をサポートする方々を対象におき執筆しております。中小という規模ではなく，地域経済の担い手としての企業の行動指針，あるべき経営方針を皆様に提言できればと考えています。地域経済に貢献し，地域を巻き込みながら様々なステークホルダーとともに，企業が発展できるための一助になれば幸いです。

　本書の出版にあたり文眞堂の前野隆社長，編集担当の山崎勝徳様には大変お世話になりました。この場を借りて御礼を申し上げます。

2021 年 5 月

著者を代表して

林　幸治

# 目　　次

# 第Ⅱ部

# 地域における中小企業の役割

# 第Ⅲ部
# 新中小企業としてのこれからの展望

第 Ⅰ 部

# 「新中小企業」の概念

# 第 1 章

# 新中小企業論とは

## 1. 新中小企業論とは何か

　中小企業の概念規定において，われわれは，これまで〈企業規模〉を基準にしてきた。中小企業基本法の業種別資本金・従業員数の規定に準拠して，大企業と異なる，中小企業の経営形態や利益創出方法，そしてそこでの制約や限界について論じてきたのである。

　しかし近年，大企業と比較して中小企業の特徴を論じるのではなく，中小企業そのものの意義や存在，その特徴を論じていこうとする動きが出てきた。

　売上高・利益規模あるいは利益率を基準とするのではなく，その地域での社会貢献度，例えば雇用や文化での企業貢献を評価していこうというのである。いかに企業規模が大きくても，売上高や利益ばかりに配慮して，地域をないがしろにしたり，人員削減を繰り返して，従業員に不安を与えている企業の意味について考え直して見ようというのである。企業規模が小さくても，地域社会に貢献したり，雇用を守るために経営努力や改革を進めている企業のほうが意味があるのではないか，素晴らしいのではないか，そして意義深いのではないか，という新しい側面での評価である。

　大企業は確かに多くの従業員を抱えていて雇用確保や拡大に貢献している。しかし，営業価値や株主価値を優先して人員削減や雇用の非正規化を推し進めて，さらに海外移転を繰り返しているなど，その地域や雇用をないがしろにしているのではないか。

　確かに中小企業も，これまで大企業と同じように，営業成績が悪ければ人員整理を繰り返してきた。また大企業から圧力をかけられて，雇用削減を求めら

れたりもした。しかし，近年中小企業の中には，地域の雇用を守り，地域雇用を拡大していこうとか，事業内容を転換してでも従業員を守ろうとするところが出てきた。また，自然環境の保全や社会環境の改善に取り組もうとしている中小企業も出てきたのである。

　私たちは，こうした地域雇用の保持・拡大や自然・社会環境の改善に取り組もうという中小企業を，「従来の中小企業」と区別して「新・中小企業」と呼びたい。「新・中小企業」は，従来の営業利益だけを目指すのではなく，地域雇用や自然・社会環境の改善にも取り組もうとしているのである。

　従来の中小企業が営業利益のみを求めて自己変革を遂げてきたのに対して，「新・中小企業」は営業利益＋社会貢献という 2 つの目的を同時に実現していこうとしているのである[1]。

図表 1-1　規模別企業の企業価値

| 新中小企業 | 営業価値（営業利益）　＋　社会的価値（社会貢献） | | |
|---|---|---|---|
| 旧中小企業 | 営業価値 | | |
| 大企業 | 営業価値　＋　株主価値（株主利益）　＋　社会的価値 | | |

## 2．中小企業経営の変遷（創業，第 2 創業，そして第 3 創業）

　日本の中小企業の多くは，第二次世界大戦後の 1945 から 1950 年頃に設立された。戦地から帰還した青年たちの内何人かは戦前勤めていた既存企業に復職したが，職を失った幾人かの者は自営の事業を始めた。これらの事業は既存企業の活動を補う，いわゆる従属企業，系列企業あるいは零細企業であり，厳しい環境の中で，企業を継続・発展させたのである。経営環境は厳しかったが，その後の朝鮮戦争での景気刺激効果や高度経済成長での既存企業の成長発展に伴い，従属企業，系列企業，そして零細企業にも事業拡大の恩恵をもたらした。この時期，産業構造的には石炭，鉄鋼，造船を中核にして経済成長がもたらされたが，中小企業にもその恩恵が波及したと見られている。

　この当時の中小企業経営者は，おおむね尋常小学校卒業などの低学歴者で近代的な企業経営への素養はまったく持ち合わせていなかった。戦前からの生業

を継続するか，大企業から注文，依頼されたものを，受身的になんとか工夫しながら，ビジネスとしたのである。

　およそ30年後の1980年頃まで，これらの中小企業は，根気・辛抱強く，日本経済の繁栄の中で，生き永らえた。創業社長が高齢を迎え一線から退く中で，後継となった2代目社長（多くは息子，あるいは娘婿）は，創業社長と異なり高学歴であり，欧米の経営理論も学習していたので，近代的な新たな事業経営を取り入れた。初代社長の技術に付加価値を付けて事業を発展させたのである。こうした経営を，当時〈第2創業〉と呼び，中小企業は新時代を迎えた。

　例えば，1984年創業の「ヤマダイ株式会社（以下，ヤマダイ）」は麺類を生業としていたが，地元では美味しいうどん，そばとして高い評判を得ていた。1981年，高齢を迎え創業者・大久保周三郎氏は，長年の生業を長男・慶一氏に譲った。慶一氏は，一橋大学を卒業後米国留学を経て，家業を継いだ。慶一氏は味・製法の研究を重ね，従来のそば・うどんからカップ麺に事業を拡大して，さらに品質改良を重ねて，「ノン・オイル麺」を開発した。ノン・オイル麺は低カロリーで健康食としても人気を博し，同社は飛躍的な発展を遂げた。

　第2創業の中小企業の中には，大企業の押し付けを排除して自立する企業も出てきた。系列から離脱して，複数の企業集団と取引をするものも出てきた。また零細企業とは呼ぶには規模もそれなりに大きく，中堅企業と称したほうがふさわしいものも出てきた。

　しかし，多くの中小企業は，創業社長の高齢化と現役の引退をもって廃業するものも多かった。生き残るもの，継続するもの，いずれにしても戦後誕生した中小企業は新しい時代を迎えたのである。

　第2創業の時代に新しく創業する企業も出てきた。第1創業が，日本の重化学工業化に対応するものとしたら，第2創業時代の中小企業は，電子化や情報化，そしてサービス産業化に対応したものであった。

　この時代，産業構造的には重厚長大産業から，自動車，電化製品，コンピュータなどの軽薄短小産業，ハイテク産業が急成長し，輸出項目の主役に躍り出ていた。

　こうして中小企業は，新産業に対応した大企業を補完する形で存続するかに

見えた。しかし大企業は，低廉な労働力を求め，また有力市場を求めて海外に生産拠点を移転し始めた。加えて中小企業の2代目社長は後継者難に見舞われ厳しい環境に遭遇した。

　こうした状況の中で，2代目社長は思い切って，これまでの事業を縮小ないしは切り捨てて，新事業に進出した。

　例えば，電子デバイスを本業としていた福島県本宮市の「株式会社向山製作所（以下，向山製作所）」は，電子デバイス事業を縮小して，〈生キャラメル〉を中心にした製菓事業に進出した。電子デバイスとはまったく無関係だが，地元の雇用を維持するために，思い切って事業転換をした。

　また，福島市の老舗「株式会社丸福織物（以下，丸福織物）」は，呉服業を縮小・継続しながらバウムクーヘンなどを中心にするスイーツ業に進出，東北エリアで事業を拡大している。この企業も地元雇用の確保が目的だという。

　こうした事業転換は，〈第3創業〉とも言えるが，その内容はまったく異なる。第2創業の事業展開は，事業の改善，付加価値創出であったが，これらの企業は営業利益の拡充ではなく，地元の雇用確保という社会的利益のために，事業を転換したのである。これは第2創業の延長でもなく，単純な第3創業でもない。新たな事業展開の幕開けである。それは，「新・創業」と呼ばれている。

　海外に眼を転じてみよう。例えば，株主価値経営の全盛期の1990から2006年頃，M&Aで英国・欧州を暴れまくり，銀行業界に旋風を巻き起こしたロイヤル・バンク・オブ・スコットランド（RBS）は，経営破綻後，自らの株主価

**図表1-2　中小企業の革新と展開**

| 年代・区分 | 特徴 | 事例 |
|---|---|---|
| 1940年〜　第1創業 | 大企業への従属<br>（系列，従属，零細） | 例：多くの中小企業<br>欧米の技術 |
| 1970年〜　第2創業 | 創業時技術　＋　付加価値 | 例：ヤマダイ<br>新たな工夫 |
| 2000年〜　第3創業 | 新事業<br>（地元経済への配慮） | 例：向山製作所，丸福織物<br>地域雇用を護る |
| 2020年〜　新・創業 | 新事業　＋　社会貢献<br>（独立，対等） | 例：京都宣言（地域企業）<br>DXの活用 |

値経営を反省して，スコットランド・エジンバラの郊外ゴガバーンで，地域社会に貢献しながら再起を図っている。大企業と言えども，地域経済を無視して経営活動は発展させられないのである[2]。

## 3．「京都・地域企業宣言」の衝撃

京都市は，2019 年 4 月，「企業はもはや規模が基準ではなく，自然，文化など地域に根差して共に発展していく時代である」と宣言した（「京都・地域企業宣言（以下，京都宣言）」）。持続可能な開発のための目標として国連が定めた SDGs（Sustainable Development Goals：持続可能な開発目標）にも一致すると述べている[3]。同月施行した「京都市地域企業の持続的発展の推進に関する条例」は，企業規模を基準とせず地域とのつながりに着目した全国初の条例となった。企業の事業活動を通じて地域コミュニティの活性化，文化の承継，自然環境の保全などに貢献すると謳い，支援策も掲げた[4]。

中小企業から地域企業へ，呼び方を変えることで経営者の意識や周囲の捉え方を変えようというのである。中小企業には成長性，機動性，雑草と言うように強い生命力といった印象が存在するが，他方，不安定，低賃金，長時間労働，下請などの負のイメージもあり，就活生が敬遠する一因にもなっていた。

しかし，これからは，地域企業を核として社会的課題をビジネスで解決していこうと言うのである。中小企業にとって「地域」を入り口に環境問題や貧困，教育など持続可能な 17 の開発目標を定めた SDGs を前向きに考えようというのである。大企業では SDGs への取り組みが進み，素材調達でも中小企業に影響が及ぶことは間違いない。一方で SDGs は世界で年 12 兆ドルの市場機会を生み出すともいわれ，新規参入のチャンスでもあると言われる[5]。

京都市のこの宣言は，現在，中小企業が第 2 創業から脱して，第 3 創業にさしかかろうとする時の，大きな道標となるものである。これまで営業上の利益拡大を目指してきた中小企業が，地域コミュニティの活性化，文化の承継，自然環境の保全を企業目標に掲げることは，雇用の維持・拡充を掲げる中小企業の大きな支えになる宣言である。これからの時代は，地域とともに共生する企業こそが，真の地域企業であり，新中小企業と呼ぶにふさわしいものなのであ

る。

　例えば，「株式会社良品計画」は大企業だが，これまで軽視してきた地域，環境の再生と成長の両立を戦略の中心において，具体的には東京有明店で，フードロスを削減するための量り売りコーナーや青果売り場を展開している。また地域住民の相談所コーナーを設けて，地域に根付いたコミュニティを創ろうとしているのである。

　京都宣言は，中小企業に地域のコミュニティの一員として，ビジネスを通じて，社会的価値の実現を果たして欲しいというメッセージなのである。

図表1-3　京都宣言の内容

---

主体：京都市中小企業未来力会議
日時：平成30年9月10日

宣言：
　1．自助努力や各企業の連携・融合により社業の持続的発展を追求する。
　2．生活文化の継承，安心安全，地域コミュニティーの活性化に貢献する。
　3．働きがいや社会に貢献する喜びを大切にし，若者をはじめ多様な担い手の活躍を支援する。
　4．受け継いできた文化や知恵，技術を学び，新たな価値の創造に挑戦する。
　5．森や水の恵みを活かし，暮らしを支える豊かな自然環境の保全に寄与する。

---

## 4．中小企業でのDX戦略

　中小企業が，ただ単に営業利益を目指すものではなく，地域の雇用や文化を保持する社会的価値をも追求する企業だとしても，本来の営業利益の維持・拡大も併せて追求していかねばならないことは言うまでもない。

　今日における営業利益の追求は，デジタルトランスフォーメーション（DX）の手法を用いてなされることが多い。

　DX（Digital Transformation）とは，デジタル技術とデジタル・ビジネスを用いて組織を変化させ，業績を改善することである。

　IT化が作業時間や人件費などを抑えるコスト削減の言葉に対して，デジタルトランスフォーメーション（DX）はデジタルを活用して有望なビジネスチャンスを生み出していこうとするイノベーションと言うことができる。

　デジタル化（アナログデータをデジタルデータに変換）とは，①物理的距離を越えてコミュニケーションができる，②情報を取得・処理し，サービスの自動化・最適化ができる，ことなどである。デジタル技術とは，具体的には，クラウド・コンピューティングや解析，IoT，モバイル，ソーシャルメディアなどがある。これまでの情報化は，段階的に進展してきたが，この新型コロナウイルス感染の影響で，飛躍的な伸びと拡がりをみせている。当初は，情報産業，情報サービスの発展であったが，それが金融業，経済インフラなどと結び付き，第2次情報革命を引き起こし，現在は既存の情報産業と異質の情報産業が結び付き，その相乗効果で第3次産業革命，いわゆるデジタルトランスフォーメション（DX）という現象を引き起こしているのである。

　例えば，大企業ではあるが，「株式会社ユニクロ」は，自らのビジネスの定義を「衣料小売業」から「情報製造小売業」と転換した。ファッション業界では，これまで商品開発はデザイナーなどによる直感のアプローチに依存していた。しかし街中の情報から，時代の傾向や趣向，そして将来性を読み取り，商品を開発していこうとしている。また，「株式会社アシックス」は，靴底のセンサーから，データを収集して，それを新商品の開発につなげている。さらに，「合同会社西友」はネットと実店舗の融合を進め，人工知能を活用したデジタル小売業を目指している。

　これら大企業のように，これからの中小企業もまた，販売する商品から消費者の情報を取得して，それを商品開発につなげていかねばならないのである。いまだ，地方の中小企業はZoomなどの利用による「オンライン会議」の活用ぐらいが一般的だが，いずれはデジタルトランスフォーメション（DX）の時代を迎えることは間違いないと思われる[6]。

　ヤマダイがどうするか，向山製作所や丸福織物がどうするのか，こうした革新的企業におけるデジタル時代の新事業の展開を注目したい。

　東京都は，デジタル技術の活用支援において，次のような項目を取り上げている。具体的には，販売面では商談のオンライン化および大企業の紹介，人材の育成面ではIoT人財の育成および専門家の派遣，設備の充実面ではテレワーク機器の購入補助および社内・工場の通信環境整備，そして経営のソフト面ではDXの実証実験支援およびファンドの起ち上げなどを，掲げている[7]。

図表1-4　デジタルトランスフォーメーション（DX）

| 効果 | ① 物理的距離の解消，流通コスト削減，在庫最適化<br>② アプリ，センサーから情報収集（クラウド）・AI分析<br>　⇒自律的に新商品・サービス提案（稼ぐ）<br>　　AIで需要予測，情報のネットワーク化 |
|---|---|
| 手法 | ・オンライン営業，電子申請<br>・クラウドによる融資審査，発注量の自動化<br>・テレワークの恒常化<br>・IT環境整備 |
| 準備 | ・ヴェンダーの依存からITリーダー，エンジニアの育成<br>・サイバー攻撃へのリスク対応<br>・デジタル化のための資金<br>・ブロックチェーンによる暗号化<br>・電子商取引<br>・実証実験 |

　このように中小企業のDX政策の環境は整いつつある。いかにして営業利益，そして営業価値を上げるか新・中小企業の経営展開が注目される。

## 5．DXによるビジネス展開と地域貢献の両立

　新型コロナウイルス感染は2・3年で収束に向かうと思われていたが，2021年新春を迎えてもいっこうに収まりそうもない。当初期待されていた治療薬もなかなか開発されないし，ワクチン接種も始まったが，いまだその効果も明らかではない。

　筆者は，銀行の経営行動について研究しているが，14から16世紀にかけて欧州ではペストの大流行があり，多くの死者が出た。企業も大半が倒産・廃業に追い込まれ，地域によっては，銀行の半数が潰れたと記録されている。しかも，ペストは数百年の長きにわたって流行を繰り返したと記されている。

　新型コロナウイルス感染の中で，すべての企業は，短期的には，従業員を減員したり，管理費を削減するなどして，利益が大きく低下する状況をなんとか回避しようとしている。しかし新型コロナウイルス感染が収束されない中，戦略的に中長期的な考え方でこれに対応していこうという企業も現れてきている。

　例えば,「株式会社星野リゾート」の星野佳路氏は,宿泊客など顧客のターゲットを海外に求めず,国内,それも地元の住民にアピールするかたちで集客をしようとしている。したがってレストランのメニューを外国人向けから日本人向け,しかも地元向けに変更するなどの工夫をしている。また,人財派遣の「株式会社パソナ」は,本社を東京から淡路島に移転するという。コロナ対策のポイントは「密を避ける」というものだが,そのためには密集地域の東京都心を避けて,比較的余裕のある淡路島に本社を置くとしている。こうした動きを受けて,建築家の隈研吾氏は,これからは建築のコンセプトを抜本的に変革することが大切であるという。これまでは,例えば高層ビルでは,限られた面積で多くの人が居住でき,移動が効率的にできることを考えていたが,これからはビルを中層階にして換気性や通気性を確保し,周りに公園など緑を十分確保することが大切だとしている。

　われわれは,この新型コロナウイルスのパンデミックをどのように乗り切ればいいのであろうか。この危機を乗り越える手段は情報技術だと考える。大学の授業はいまや,東京では遠隔授業が一般的であるが,多くがオンライン形態で講義を行っている。学生の表情は見えないが,東京の学生だけの参加ではなく,地方の学生も授業に参加できる。表情は見えないが,地方の学生もそのまま密にならずに参加できるところに意味がある。

　人間は社会を形成する群れの動物だが,密を避けるために集まることができないとしたら,情報技術を使って,あたかも集合しているような情報共有を体現しなければならない。ここでも情報共有は情報技術に頼らざるをえないのである。必然的にマネジメントの在り方も変わっていかざるをえない。

　新・中小企業は,営業価値的には,デジタルトランスフォーメーション(DX)の活用によりコストを削減し,情報収集・分析で新製品・サービスを提供することによって,営業利益の向上をはかると同時に,企業の活動分野を地域に特化・限定して雇用を保持・拡大するとともに,文化・自然面でも社会貢献していくことが重要である。新型コロナウイルスのパンデミックは,情報技術を営業面でも社会面でも活用して,事業展開を実践すべきことを示唆しているのである。

(坂本 恒夫)

**追記**

　本章は桜美林大学ビジネス研究所『ビジネス科学研究 Vol. 3』に掲載された拙稿「新中小企業論—京都宣言と DX 戦略—」に加筆・修正したものである。

**注**

1　今日の企業経営において，注目すべきは次の 3 点である。1 つは，環境，社会，そしてガバナンス問題への企業の積極的な取り組みである。ESG や SDGs として取り上げられているが，大企業の動きは中小企業やベンチャービジネスの経営にも強い影響を与えている。ベンチャービジネスについては，すでに『新ベンチャービジネス論』（坂本恒夫・鳥居陽介編，日本中小企業・ベンチャービジネスコンソーシアム著，税務経理協会，2020 年）において，クラウドファンディングに着目して，その新規性について述べたが，本書では，中小企業における最近の雇用維持や地域貢献などに注目して，その新規性を指摘したい。2 つはデジタル化の問題である。IT 化，情報化は以前から進展していたが，単なるコスト削減・効率化の動きから DX の「稼ぐ」という利益率向上効果が発揮されてきて一気に加速してきた。この DX をどのように位置づけるかも重要なポイントである。3 つは，コロナ感染の大流行の問題である。コロナ感染によって，密を避けるという観点から一気にデジタル化が進展した。コロナ禍の新たなビジネスモデルとして，この問題についても言及したい。

2　英国 4 大銀行の株主価値経営時代の経営行動については，坂本恒夫（2012）『イギリス 4 大銀行の経営行動 1985-2010—株主価値経営の形成・発展・崩壊』中央経済社を参照せよ。

3　SDGs について詳しくは，南博・稲葉雅紀（2020）『SDGs—危機の時代の羅針盤』岩波新書を参照せよ。

4　地域振興についての具体的な推移については，拙稿（2020）「全国にベンチャービジネスカフェを—地域イノベーション」桜美林大学ビジネス研究所地域イノベーション研究グループ編『地域とイノベーションの経営学—アジア・欧州のケース分析』中央経済社を参照せよ。

5　『日本経済新聞』2019 年 7 月 1 日を参照せよ。

6　『日本経済新聞』2021 年 2 月 2 日を参照せよ。

7　DX については，マイケル・ウエイド他（2019）『DX 実行戦略』日経 BP および兼安暁（2019）『イラスト＆図解でわかる DX』渓流社を参照せよ。

# 第2章

# ローカルな視点からの中小企業の再考
## ──「京都・地域企業宣言」──

## 1. 規模にこだわらない企業観

　これまで中小企業について論じる場合，主に「規模」の視点から行われてきた。資本金がどのくらいあるのか，従業員数は何人いるのか，すなわち中小企業基本法に準拠しているかどうかで，企業を大企業，中小企業に分類してきたのである。

　しかしそれは，中小企業基本法の基準に合致していれば，中小企業としてあらゆる中小企業施策の対象となるだけのことである。すなわち政策の対象であるかどうかの話である。時代の変化とともに中小企業基本法の基準は変化し，施策の対象が拡大されてきている。もちろん，施策の対象を明確化することは必要であるし，中小企業を議論する場合，その対象が共通の認識のもとでなされることは望ましい。ただし，われわれは中小企業の施策を作成する立場から議論するというよりも，中小企業，大企業に関係なく企業の本質やその役割を把握する立場を堅持する必要がある。

　これまでのような経済が成長期や拡大局面においては，規模の拡大はもちろん，市場の確保をめざして企業は絶えず戦略を考えてきた。それはグローバルな経営といった形でも現れて，海外の生産拠点の設置や海外の市場を求めた進出，外国企業との競争などを行ってきた。しかし，経済成長が鈍化した今日，グローバルな展開も良いが，ローカルな視点からの企業経営の同帰も必要となってきた。それは地域に根差した企業，地域，コミュニティの発展に寄与する企業経営といったものである。

　2018 年 9 月 10 日に京都市中小企業未来力会議は「京都・地域企業宣言」を発表した。この宣言を発表した京都市中小企業未来会議とは，2016 年度に設立された。同会議のメンバーは若手経営者などが中心となり組織され，業種の垣根を越えた新規ビジネスや事業の創出を目標としている。地域企業とは企業の規模に関わらず，市内に本店または主たる事務所を有し，地域に根ざして活動する事業者と定義されている[1]。

　この宣言の意義は，企業の「規模」にこだわらず，京都に存在する企業，京都に何か影響を及ぼす企業をすべて地域企業と定義した点である。中小企業を議論する場合，常に対大企業を前提に行われてきた。あたかもそれは大企業が中小企業と敵対するかのような位置づけであった。歴史的に見て，大企業による中小企業の搾取，下請切りなど社会問題として扱われてきたのも事実である。しかし，地域経済の発展という視点からは，大企業も中小企業も区別することなく，何かしら地域のために貢献していることは事実である。地域という視点から規模に関係なく地元の企業が何かを生み出せるのではないという期待が込められているといえよう。

## 2．京都・地域企業宣言とは

　図表 2-1 は前述した「京都・地域企業宣言」の全文である。この宣言の中で地域とは京都市で読み替えることができる。企業規模ではなく，地域とつながりのある企業，地域に根差している企業を地域企業と呼んでいる。京都という土地の性格上，伝統産業が多く存在している。一方で，京セラを代表するように企業も数多く存在し，先端企業と呼ばれる企業もあり，その規模も様々である。地域の発展のためにはそういった企業こそ地域に欠かすことのできない企業であり，その規模は問題ではない。そういった観点から地域企業宣言は発表されたと推察する。

　それでは「京都・地域企業宣言」を詳細に見ていこう。同宣言では地域企業の行動指針が 5 つ提示されている。社業の持続的発展，地域コミュニティの活性化，多様な担い手の活躍の支援，新たな価値の創造，自然環境の保全への寄与の 5 つである。

　1つ目の社業の持続的発展とは，企業が自社の経営努力は当然必要であるが，同じ地域に存立する企業同士が連携し合ったり融合し合ったり協力が必要であるということである。2つ目の地域コミュニティの活性化とは，経済だけではなく地域コミュニティの一員として生活文化の継承の担い手として何らかの形で貢献することが必要である。京都は伝統的な文化が数多く残されており，住民だけではなく企業やそこに働く人も含めて伝統の継承者としての意識を保持しなくてはならない。また，地域の安心や安全もコミュニティ全体で維持することが重要であり，企業のその一役を担わなくてはならない。3つ目の多様な担い手の活躍を支援は，職場を提供する際に従業者への配慮であり，職場としての働きやすさなど十分に気を付けることである。企業に職を求める

**図表 2-1　「京都・地域企業宣言」全文**

　企業には理念が必要である。悠久の歴史の中で，多くの企業が生まれ，発展してきた京都では，理念が社是，社訓として重んじられ，私たちの礎となっている。私たちは，規模を基準とする中小企業ではなく，人と自然と地域を大切に，地域に根ざし，地域と繋がり，地域と共に継承・発展する「地域企業」である。その自覚と誇りを胸に，京都から日本，世界，そして未来を見据え活動していくことをここに宣言する。

　国内外から人や物が集い，伝統と革新が融合しながら新たな文化を創造し，千年を超えて都市の機能が継続してきた京都。私たちの先人は，経済的価値と共に文化的価値を大切にし，衣・食・住をはじめとする生活文化，地域が受け継いできた祭祀などに彩られる市民の暮らしを支えてきた。そして，伝統産業から先端産業，農林業，観光や情報をはじめとするサービス業などあらゆる産業やその担い手を育み，社寺や学術・研究機関との協働によって数々のイノベーションを生み出してきた。

　今，人口減少社会の到来，地域コミュニティの弱体化，競争環境の激化といった，数々の困難や時代の転換点に直面している。

　今こそ次の千年に向けた出発点であり，共に社業の発展を通じて地域に貢献し，しなやかな強さで京都の未来を切り拓く力，すなわち「未来力」を発揮するときである。

　先人の理念である“先義後利”や“不易流行”をはじめ，京都に育まれてきた精神文化を大切に，あらゆる連携によって地域を支え，京都を拠点に日本の活力源となり，共生社会の担い手として，世界の人々の笑顔あふれる未来を創造していくことを誓う。

わたしたち地域企業は，

一、　自助努力や各企業の連携・融合により社業の持続的発展を追求する。

一、　生活文化の継承、安心安全、地域コミュニティの活性化に貢献する。

一、　働きがいや社会に貢献する喜びを大切にし，若者をはじめ多様な担い手の活躍を支援する。

一、　受け継いできた文化や知恵、技術を学び、新たな価値の創造に挑戦する。

一、　森や水の恵みを活かし、暮らしを支える豊かな自然環境の保全に寄与する。

平成 30 年 9 月 10 日

京都市中小企業未来力会議

出所：https://www.city.kyoto.lg.jp/sankan/cmsfiles/contents/0000241/241891/declaration.pdf

人々は地域の住民であり，その住民に職を提供するということはすなわち労働の提供を受けるという相互に依存する関係である。また一市民として地域への社会貢献も必要であろう。地域の祭りや行事などへ企業は積極的に参加することで地域への貢献に寄与する，4つ目の新たな価値の創造は，伝統や地域に伝わる文化を維持しつつも，それらを現代に活かせるような工夫が企業に求められるということである。伝統継承の担い手の一員としてふるまいつつ，そこに現代の技術や知恵を加味して企業は行動すべきである。5つ目の自然環境の保全に寄与するは，企業の規模にかかわらず，自然環境の保全への取り組みは必須となっている。SDGsへの取り組み，ごみの削減や地元の清掃など行うだけでも環境問題への取り組みも社会貢献の1つであろう。

　以上の5つの企業の行動指針は，地域における1市民としては行うべきものであるし，さほど困難な取り組みであるわけでもない。住民同士のつながりが希薄化されていると言われている。そのような中で企業が中心となって地域活動の再活性化，地域市民のつながりの重要性の再認識がこの宣言の意義であろう。

## 3．京都・地域企業宣言が出された背景を探る

　「京都・地域企業宣言」が出されたのち，京都市は「京都市地域企業の持続的発展の推進に関する条例」を2019年に制定した。第1条では「地域企業の持続的発展の推進に関し，その基本理念，地域企業および本市の責務，市民の役割その他の基本となる事項を定めることにより，地域企業の持続的発展を総合的に推進すること」を目的として定めている。この市民には住民はもちろん企業も含まれており，地域コミュニティ全員で地域の持続的な発展を目指すことが掲げられている。

　それでは，なぜ京都市がこのような条例を定めたのであろうか。京都市は歴史的な街であり様々な伝統を受け継いでいる。そのような京都市が持続的な発展を目指すと宣言する必要性を経済的な視点から企業の実態を調べた。総務省統計局が発表している2014年経済センサス活動調査および2018年経済センサス活動調査をもとに，事業所数と従業者数を比較した[2]。

日本全体では，2014 年と 2018 年を比較すると事業所数では 11 万 2,852 事業所が減少しており，その中でも増えた業種は「農業・林業」，「電気・ガス・熱供給・水道業」，「学術研究・専門・技術サービス」，「教育・学習支援業」，「医療・福祉」，「複合サービス」の 6 業種である。従業者数は 103 万 5,574 人増加しており，「農業・林業」，「情報通信業」，「卸売業・小売業」，「学術研究・専門・技術サービス業」，「教育・学習支援業」，「医療・福祉」，「複合サービス事業」の 7 業種で増加した。

一方，京都府全体では，2014 年から 2018 年にかけて事業所数が▲ 4,110 所，従業者数 1 万 8,966 人増であった。京都府の市町村別でみると，八幡市，京田辺市，木津川市，大山崎町，久御山町の 5 つは事業所数が増加し，従業者数は京都市，福知山市，綾部市，城陽市，長岡京市，八幡市，京田辺市，南丹市，木津川市，久御山町，井手町，宇治田原町，精華町，伊根町の 14 市町村で増加した（図表 2-2 参照）。

図表 2-2　京都府市町村別事業所数および従業者数の増加（2014 年と 2018 年比較）

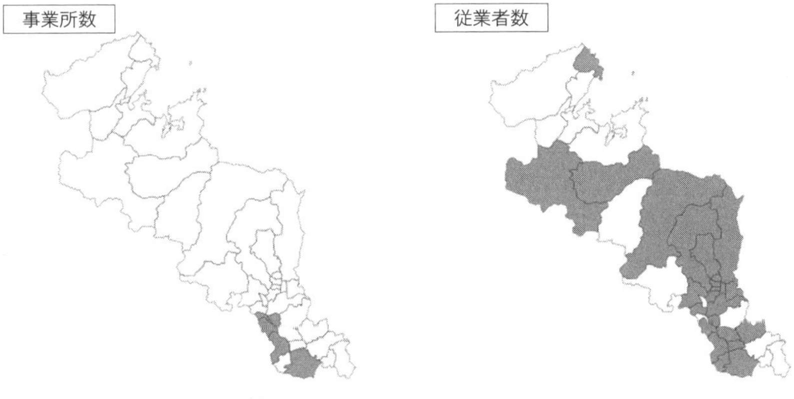

注：グレーが増加した市町村。
出所：「経済センサス活動調査」のデータをもとに筆者作成。

次に京都市に限定して業種別に見ていこう（図表 2-3 参照）。京都市で事業所数が増加している業種は「農業・林業」，「学術研究，専門・技術サービス業」，「教育・学習支援」，「医療・福祉」の 4 業種であり，特に「医療・福祉」で 814 事業所が増加している。従業者数では，「農業・林業」，「金融・保険」，

「学術研究・専門技術サービス業」,「教育・学習支援」,「医療・福祉」の 5 業種で,こちらも「医療・福祉」が最も増え,1 万 9,533 人増加した。一方,事業所数が減少している業界は,「卸売・小売業」,「製造業」,「宿泊業・飲食サービス業」の順で減少している。同様に,従業者数についても,「生活関連サービス業・娯楽業」,「宿泊業・飲食サービス業」,「建設業」の順で減少している。

　このような動きをみると,「医療・福祉」と「教育・学習支援」の増加が他の減少分を吸収している。こういった業種間の格差が顕著になっていることは,少なからず地域の発展に影響があるといえよう。事業所数および従業者数

図表 2-3　京都市の業種別事業所数および従業者数の比較

| 業種 | 2014 | | 2018 | | 増減 | |
|---|---|---|---|---|---|---|
| | 事業所数 | 従業者数 | 事業所数 | 従業者数 | 事業所数 | 従業者数 |
| 全業種 | 73,391 | 726,835 | 70,637 | 739,542 | ▲ 2,754 | 12,707 |
| 農業・林業 | 58 | 555 | 70 | 950 | 12 | 395 |
| 漁業 | 4 | 11 | 3 | 17 | ▲ 1 | 6 |
| 鉱業 | 2 | 7 | 2 | 7 | 0 | 0 |
| 建設業 | 4,581 | 31,940 | 4,249 | 27,882 | ▲ 332 | ▲ 4,058 |
| 製造業 | 8,522 | 94,928 | 7,530 | 91,040 | ▲ 992 | ▲ 3,888 |
| 電気・ガス・熱供給・水道業 | 21 | 1,837 | 21 | 1,051 | 0 | ▲ 786 |
| 情報通信業 | 837 | 14,168 | 739 | 12,518 | ▲ 98 | ▲ 1,650 |
| 運輸業・郵便業 | 1,295 | 34,920 | 1,160 | 32,120 | ▲ 135 | ▲ 2,800 |
| 卸売業・小売業 | 19,981 | 170,466 | 18,894 | 170,118 | ▲ 1,087 | ▲ 348 |
| 金融業・保険業 | 1,001 | 19,893 | 959 | 20,731 | ▲ 42 | 838 |
| 不動産業 | 6,041 | 24,071 | 5,745 | 23,041 | ▲ 296 | ▲ 1,030 |
| 学術研究・専門技術サービス業 | 2,977 | 21,134 | 2,986 | 21,327 | 9 | 193 |
| 宿泊業・飲食サービス業 | 10,749 | 96,611 | 10,391 | 91,902 | ▲ 358 | ▲ 4,709 |
| 生活関連サービス業・娯楽業 | 5,457 | 31,950 | 5,277 | 26,994 | ▲ 180 | ▲ 4,956 |
| 教育・学習支援業 | 2,023 | 44,032 | 2,080 | 53,051 | 57 | 9,019 |
| 医療・福祉 | 4,518 | 82,049 | 5,332 | 101,582 | 814 | 19,533 |
| 複合サービス事業 | 295 | 2,327 | 265 | 3,244 | ▲ 30 | 917 |
| その他サービス業 | 5,028 | 55,909 | 4,934 | 61,967 | ▲ 94 | 6,058 |

出所：「経済センサス活動調査」をもとに筆者作成。

の業種間格差の拡大は，京都府の伝統産業や地域経済に打撃を与えている。換言するならば，地域経済の発展は「医療・福祉」や「教育・学習支援」だけに偏重した拡大だけでは期待できない。京都の伝統を受け継ぐ製造業や小売などの減少をいかに食い止めるかがカギとなっているといえよう。

　さらに，従業者数規模別に事業所数および従業者数の変化を 2014 年と 2018 年で比較してみよう（図表2-4参照）。従業者数が「1〜4人」と「5〜9人」の階級が事業所数，従業者数ともに減少しているが，それ以外の上位の階級では事業所数と従業者数ともに増加している。すなわち，規模の小さな企業が減少しているが，規模の大きい企業は増加して従業者数の増加に貢献している。特に 100 人以上の企業は 34 事業所，従業者数 8,806 人増加しており，地域経済の発展との関係性を看過することはできないだろう。すなわち，中小企業基本法のような政策対象のための基準による規模の概念だけで企業を分類することは，地域経済の発展の担い手を議論するうえでふさわしくない。企業の規模だけで今後の地域経済の持続的な発展の議論は困難といえる。

図表 2-4　従業者数規模別事業所数と従業者数の比較

| 従業者数 | 2014 | | 2018 | | 増減 | |
|---|---|---|---|---|---|---|
| | 事業所数 | 従業者数 | 事業所数 | 従業者数 | 事業所数 | 従業者数 |
| 全規模 | 73,391 | 726,835 | 70,637 | 739,542 | ▲ 2,754 | 12,707 |
| 1〜4 人 | 44,399 | 97,159 | 41,639 | 90,175 | ▲ 2,760 | ▲ 6,984 |
| 5〜9 人 | 14,219 | 92,625 | 13,586 | 88,805 | ▲ 633 | ▲ 3,820 |
| 10〜19 人 | 7,782 | 105,034 | 7,945 | 107,176 | 163 | 2,142 |
| 20〜29 人 | 2,925 | 69,571 | 3,063 | 72,681 | 138 | 3,110 |
| 30〜49 人 | 1,943 | 73,137 | 2,156 | 80,782 | 213 | 7,645 |
| 50〜99 人 | 1,152 | 78,703 | 1,179 | 80,511 | 27 | 1,808 |
| 100 人以上 | 720 | 210,606 | 754 | 219,412 | 34 | 8,806 |

出所：図表2-3と同じ。

## 4．グローバルな経営からローカルな経営への回帰

　中小企業に限らず，企業経営は利益の拡大を求め，いかにして市場を開拓し

売上を確保するかを中心に議論され，時にはその場を海外に求めてきた。例えば製造業では生産システムも海外を巻き込んだサプライチェーン・マネジメントが構築されて，生産が国内で完結することは減少してきた。また，小売業では内需の拡大が見込めない状況においては，訪日外国人観光客，すなわちインバウンド客を対象としたビジネスモデルへとその業態を変容させ，外国人観光客に依存したものとなっていった。近年，そこにはもはや日本人を対象としたビジネスモデルは希薄化されてしまった。

　しかし，新型コロナウイルスの世界的な流行により，そのビジネスモデルは転換を余儀なくされてしまった。海外の1国に依存しすぎてしまったサプライチェーンの弊害が浮き彫りとなった。普段使用していた商品についてある国が輸出禁止措置をとった途端に，国内の流通がストップしてしまった。これまで日本にあった生産拠点を海外に移す，もしくは生産そのものを中止し海外企業から購入する取引に移行してしまった。まさにそれはコスト重視の経営の結果であった。国内生産の重要性，他国との取引の重要性が顕著になった。

　また，外国人観光客の旺盛な購買意欲だけをターゲットにした小売業にとって，地元の住民や日本人観光客はもはやターゲットでなく，高額な価格設定でも成り立っていた。そういったビジネスを行う企業には当然地域住民は行かなくなった。右肩上がりで増え続けてきた訪日外国人客が新型コロナウイルス感染拡大による入国禁止措置のため激減した結果，そういった企業や商店街は衰退してしまった。こういった事態に反省をし，地元の人に来てもらえるビジネスモデルに回帰しようという動きが出てきた。

　グローバルな視点での経営が悪いわけではない。ただ，企業の基盤はどこにあるのかを再認識する必要がある。企業規模に関係なく企業には「地元」がある。その地元で顧客であり従業者である住民と顔の見える関係性の構築が今まで以上に見直される時期が到来した。地域という限定された枠組みの中で，企業がどう行動するか，地域にどう貢献するかという「経営の軸」が重要視される時代となったのである。企業はソーシャル・キャピタルであることを認識し，地域の人々の協調的な行動を促す信頼，ネットワーク，互酬性の規範といった指標をもとに，地元のコミュニティを巻き込むビジネスモデルの確立が要求される。「京都・地域企業宣言」はまさにこれを目的としたものなのであ

る。これは京都市だけに有効であるわけではなく，全国の様々な地域において今後必要な概念である。ソーシャル・キャピタルの蓄積が進展する地域ほどその経済発展は期待できる。規模拡大の追求や効率性の追求ではなく，企業がいかに地元に貢献しているか，「企業の地域貢献度」という新たな企業評価指標が導入されなくてはならない。

（林　幸治）

注
1　京都市情報館 HP（www.city.kyoto.lg.jp/sankan/page/0000246159.html，2020 年 12 月 25 日アクセス）。
2　総務省統計局経済センサス（www.stat.go.jp/data/e-census/index.html，2020 年 12 月 30 日アクセス）。

参考文献
京都市情報館（www.city.kyoto.lg.jp/sankan/page/0000246159.html，2020 年 12 月 25 日アクセス）。
総務省統計局「経済センサス」（www.stat.go.jp/data/e-census/index.html，2020 年 12 月 30 日アクセス）。

# 第3章

# 中小企業のイノベーション I
## ―創業，第2創業，そして第3創業へ―

## 1．はじめに

　中小企業白書2020年版によると，中小企業（小規模企業を含む）は，企業数において日本の企業全体の99.7%，従業員数において68.8%，売上高において44.1%，付加価値において52.9%を示すとされている[1]。中小企業は日本の産業の様々な部分で大きな割合を占めており，中小企業の今後が日本経済の行く末を左右すると言っても過言ではない。

　中小企業白書では中小企業のイノベーションについて何度か取り上げているが，そこでは同時に企業の老化現象について言及している。企業は元来，法的に人格が認められた法人という存在であって，自然人たる人間のように肉体を有しているわけではない。肉体を有する人間は，肉体の老化，衰えにより活力が低下していき，やがて死に至る。ところが，法人たる企業は自然人たる人間と異なり肉体を有していないことから，本源的には不老不死の存在であるはずである。しかし，現実には中小企業白書が指摘しているように法人たる企業にも老化という現象が見られ，やがて死に至ることがある。昨今のコロナ禍の影響に関する報道を見ていると，こういったことが現実のこととして感じられる。この意味では，法人たる企業も自然人たる人間に似た性質を有した存在と考えることができよう。

　法人たる企業が自然人たる人間と異なっているところは，不老不死のための特効薬が存在していることである。その特効薬がイノベーションなのである。すなわち，企業はイノベーションによって不老不死になり得る存在だというこ

とである。しかし，裏を返せば，法人たる企業はイノベーションがなければ，自然人たる人間と同じように老化してやがて死を迎える存在ということもできる。

　本章のテーマは，このようなイノベーションである。ただ，その対象は日本にある全企業ではなく，中小企業である。ここでは，次のような流れで中小企業のイノベーションについて述べていく。

　まず，イノベーションとは何かについて整理する。すなわち，イノベーションとはどのような物であって，特に中小企業のイノベーションにはどのような特徴があるのかについて整理する。続いて，今日本で起こっている変化が中小企業のイノベーションに及ぼす影響について述べる。具体的には人口減少，デジタル化，グローバル化の進行・進展といった変化への対応である。もともと，人的リソースが不足しがちである中小企業にとって人口減少の進行は大きな脅威である。しかし一方で，デジタル化やグルーバル化の進展は販路の拡大や販売方法の変化，利用可能な情報量の変化が見込まれ，大きな発展の機会となるとみられる。様々な変化が中小企業にとってのビジネスチャンスの芽を増やし，拡げてきている。三番目には，恒常的に中小企業が抱えている問題である事業承継について目を向ける。事業承継の問題は，イノベーションの実現と深くかかわっているので，事業承継とイノベーションの関係についても言及する。そして，最後に以上述べてきたことをまとめ，今後中小企業が進むべき道筋を示すことにしたい。

## 2．中小企業のイノベーションの定義

　中小企業白書のイノベーションに関する記述をピックアップすると，図表3-1のようになっている。

　中小企業白書において最初にイノベーションという言葉が登場するのは，2002年版においてである。2002年版中小企業白書の第2部第2章では，イノベーションを次のように定義している。シュンペーターは，イノベーションを「経済発展の原動力」[2]「創造的破壊」と述べている。このような考え方に基づくとイノベーションは中小企業には縁遠いものということになってしまう。し

図表 3-1　中小企業白書におけるイノベーションに関する記述

| 年 | タイトル | 掲載箇所 |
|---|---|---|
| 2002 | 経営革新（イノベーション）により発展成長する中小企業 | 第 2 部第 2 章第 1 節 |
| 2009 | 中小企業のイノベーション | 第 2 章第 1 節 |
| 2015 | 中小企業・小規模事業者のイノベーションと販路開拓 | 第 2 部第 1 章第 2 節 |
| 2019 | 中小企業・小規模企業経営者に期待される自己変革 | 第 3 部第 1 章 |
| 2020 | 外部連携・オープンイノベーションの推進 | 第 2 部第 1 章第 6 節 |

出所：中小企業白書から筆者作成。

かし，中小企業白書では，イノベーションが新商品・新技術の開発のような大きな取り組みを行う特別な企業だけが取り組む活動ではなく，日々の企業活動の中で積み重ねられる，作業工程の見直し等の小さな活動までを含むと広く定義を持つものと考えることでイノベーションと中小企業の関連づけを行っている[3]。

　中小企業白書が次にイノベーションを取り上げているのは 2009 年版においてである。中小企業白書 2009 年版では，イノベーションを次のように定義している。

　　「企業が新たな製品を開発したり，生産工程を改善するなどの『技術革新』だけにとどまらず，新しい販路を開拓したり，新しい組織形態を導入することなども含むものであり，広く『革新』を意味する概念である。特に，中小企業にとってのイノベーションは，研究開発活動だけでなく，アイディアのひらめきをきっかけとした新たな製品・サービスの開発，創意工夫など，自らの事業の進歩を実現することを広く包含するものである」。

　中小企業白書 2009 年版におけるイノベーション定義も 2002 年版と同様「狭義の技術革新のみならず，新しい販路の開拓等も含めた広範なもの」[4]ということにされている。

　そして，イノベーションを次のように分類しており，これを見てもすでに述べたようにイノベーションを広範囲なものと考えていることが明らかにわかる。

① 「プロダクト・イノベーション」：新しい製品・サービスの開発を指す
② 「プロセス・イノベーション」：生産方法の改善を指す
③ 「連続的なもの」：既存の技術・知識等の延長上での小刻みな改善である
④ 「非連続的なもの」：これまで存在しない画期的な製品や生産方法を誕生させる

　さらに，中小企業白書 2015 年版では，経済協力開発機構（OECD）が中心にまとめたオスロ・マニュアルを紹介している。オスロ・マニュアルに示されているイノベーションの定義は次のようなものである。オスロ・マニュアルにおいては，イノベーションをプロダクト・イノベーション，プロセス・イノベーション，組織イノベーション，マーケティング・イノベーションの 4 つに分類している。中小企業白書の分類とオスロ・マニュアルの分類は三番目，四番目の部分で異なっているが，これは対象とする企業の違いによるものと考えられる。

　中小企業白書 2009 年版では，大企業と比較して中小企業のイノベーションの特徴について次のように整理している[5]。

① 経営者が，方針策定から現場での創意工夫まで，リーダーシップをとって取り組んでいること。
② 日常生活でひらめいたアイディアの商品化や，現場での創意工夫による生産工程の改善など，継続的な研究開発活動以外の創意工夫等の役割が大きい。
③ ニッチ市場におけるイノベーションの担い手となっていること。

　一方，大企業によるイノベーションの特徴としては，大規模な研究開発やその成果が現れるまでに長期間を要する研究開発のプロジェクトに対し，その組織力を活かして多くの研究者や資金を投入し，イノベーションを実現することとされている。大企業は，ふんだんに有しているヒト，モノ，カネといった経営資源を投入して成果が出るまで時間をかけて取り組むことができるのである。

　中小企業は大企業のような十分な経営資源を有していないことから，大規模なもの，著しい成果の出そうなものについて取り組むことは難しい。それゆえ，日常的なもの，ニッチな市場をターゲットとしたものが中心となること，そして何よりも経営者がリーダーシップを採ることが重要になってくる。

　中小企業の強みは，小規模な組織であること，チームワークの良さ，小回りの利く柔軟な対応力を活かしていくこと，経営者がリーダーシップを採りながら機動的な判断を行っていることとされている。一方で，中小企業は，規模の経済性，商品・サービスの品ぞろえの豊富さ，資金力といった点が弱みになっているとされている[6]。

　このように考えると，中小企業が取り組むべきイノベーションは，イノベーションの概念でいうところの②および③，すなわち生産方法の改善を指すプロセス・イノベーションや既存の技術・知識等の延長上で連続的な改善といったものが中心になってくると考えられる。この点については，中小企業は特許権よりも実用新案権を重視する傾向があると示されていることと整合している[7]。

　中小企業がイノベーションに取り組むうえでの課題として，経営戦略，人材確保，資金調達等の問題があげられており，これらが障害となり，イノベーションに向けた活動を実施できていないとされている[8]。

## ３．中小企業のイノベーションへの取り組み

　次に中小企業白書で整理されている中小企業のイノベーションへの取り組みについてみていくことにしよう。

### ⑴　中小企業のイノベーションに立ちはだかる壁

　中小企業白書2009年版では，中小企業のイノベーションへの取り組みを示すとともに，中小企業のイノベーションに立ちはだかる壁についても示している。

　中小企業の研究開発の取り組みについて，目標の共有化のほかマーケティング関連部門との連携，外部との提携や外部資源の活用に取り組んでいる企業の割合が高い，としている[9]。しかしながら，中小企業が研究開発に取り組むう

えでの課題としては，資金の不足，従事者数の不足などが挙げられている[10]。

　イノベーションには研究開発が必要だが，中小企業はイノベーションを行うための人が足らない。人材の数の不足，人材の質の不足，合わせて資金の不足，情報の不足といったリソース不足が足かせになっているため，取引の多様化，新規ビジネスの発生などイノベーションを実現するために必要な環境は整いつつあるが，イノベーションを実現できないでいる。このため，中小企業は非継続的な研究開発に重点を置いているとされている。

　中小企業白書 2009 年版では，中小企業がイノベーションのために取り組もうとしている分野として電子商取引を上げている。電子商取引は，中小企業にとって取引コストを引き下げることが可能，新規顧客を開拓しやすいなどのメリットがあり，これらの点は中小企業自身が認識しているとしている。また，自社の製品に関して海外にマーケットがあることも認識しているが，直接，間接の輸出を行っている中小企業の割合は大企業に比べて低くとどまっているとしている。この背景として中小企業が主に行っている間接輸出において顧客ニーズを直接把握することが難しいことを問題点だと考えている企業が多いとされている。さらに，海外顧客へのフォローアップ対応がしにくいこと，価格交渉権を持てないことも問題点として挙げている[11]。

　さらに，中小企業が研究開発活動に取り組む上で，研究開発のための資金不足が大きな課題となっており，背景として金融機関以外の資金調達ルートがないことが指摘されている[12]。この点については，日米で大きな差があり，起業が活発なアメリカではベンチャーキャピタルが研究開発活動のための資金をベンチャー企業に対して積極的に供給していること等が，イノベーションにつながっているのではないかとしている[13]。

　以上みてきたように，中小企業のイノベーションには多くの壁が存在している。人材の数と質の問題，マーケット特に海外市場などにおける情報量の問題，さらには，資金の問題である。

## (2) 中小企業をめぐる環境の変化

　中小企業白書の 2015 年版以降のものでは，2009 年版で指摘された問題点の解決の状況についての記述が見られる。さらに，2015 年版以降年度が新しく

なるについて様々な環境の変化が中小企業にフローの風となって吹き始めていることが述べられている。

　2015 年版では，変化の兆しとして取引構造の変化を取り上げている。従来，中小企業は，大企業と下請企業として取引をすることによって独自の営業活動が不要で広告宣伝等の販売促進活動に経営資源を投入しなくてもよいといったメリットが得られていた。グルーバル化の進展や長期の景気低迷による大企業の業績の停滞によって大企業と中小企業の間の取引関係が希薄化してきており，取引関係が少数，固定の取引先に密接に依存したものから，多数かつ変動的な取引先との多面的なものへと変化し，取引関係が緩やかなものになってきていると指摘している[14]。このことは，中小企業にとっては，自由であると同時にリスクを伴った取引関係の構築に移行する契機となりつつあるとみられる。

　また，デジタル化技術の急速な進展によるビジネス環境の変化，長引く不況の影響で生じてきているビジネス上の変化といった様々な変化が，中小企業のイノベーション実現の可能性を高めている。デジタル化の進展による販路，販売方法の変化が，これまでの中小企業の特徴であった下請構造からの脱却の可能性を高めている。また，（独）中小企業基盤整備機構や（独）日本貿易振興機構の中小企業へのサポートについても触れられている[15]。

　販路，販売方法の変更は，同時に調達ルートの変更にもつながる。サプライチェーンの変化も進みつつある。デジタル化の急速な発展は，情報の流れにも変化を生じさせている。これまで入手できなかったような情報が入手可能になり，これまで人材と情報の不足から立ち入るができなかった海外の企業との直接取引の可能性も一気に現実味を帯びてきている。いわゆるグローバル化の進展の恩恵を享受することが可能になってきている。

　デジタル化の進展はほかにも様々な可能性を生み出している。オープンイノベーションのように従来知り得なかった外部の技術情報が容易に入手可能になってきていること，シェアリングエコノミーの進展が購買構造を大きく変化させてきていること，さらに，クラウドファンディングの出現が中小企業の資金調達の道を大きく広げ，利用しやすいものにしてきていることなどである。また，アウトソーシングの進展は，中小企業への人材供給の道をつけてくれるこ

とが期待される。

　このような変化は，中小企業のイノベーション実現の可能性をこれまでより
もはるかに高いものにしていることは間違いのないところである。

### ⑶　中小企業に期待される役割

　さらに，2019年，2020年版の中小企業白書では，中小企業に期待される役
割が示されており，これが，中小企業の今後に対して影響を与えていくとみら
れる。

　まず，2019年版においては，これからの中小企業に期待される役割として
①我が国経済を牽引する役割，②サプライチェーンを支える役割，③地域経済
を活性化する役割，④地域の生活・コミュニティを支える役割の4つが挙げら
れている[16]。中でも注目されるのが，③地域経済を活性化する役割，④地域の
生活・コミュニティを支える役割の2つである。

　また，2020年版においては，中小企業・小規模事業者に期待される役割・
機能を，①グローバル展開をする企業（グローバル型），②サプライチェーン
での中核ポジションを確保する企業（サプライチェーン型），③地域資源の活
用等により立地地域外でも活動する企業（地域資源型），④地域の生活・コ
ミュニティを下支えする企業（生活インフラ関連型）の4つの類型に分類し，
それぞれの特徴について分析を行っている[17]。ここにおいても，③地域資源の
活用等により立地地域外でも活動する企業（地域資源型），④地域の生活・コ
ミュニティを下支えする企業（生活インフラ関連型）の2つが挙げられてお
り，地域や住民生活との密接性を重視する企業の割合が高いと述べられてい
る。

　「京都・地域企業宣言」に代表されるような地方自治体から企業への支援の
意思表示に対応する形で中小企業サイドの意識を変えていく必要もあろう。ま
た，こうした動きは，最近注目されているSDGsにおける持続可能なまちづく
りや地域活性化に向けての取り組みとも合致するものであり，世の中の様々な
動きが同じ方向に向かって動き出し始めていることを物語っている。

　ところが，一方で中小企業のイノベーションの実現に立ちはだかる大きな壁
の存在も忘れてはならない。それは，事業承継である。中小企業の多くが後継

者不在という現実に直面している。

## ４．中小企業のイノベーションと事業承継

　第 2 創業という用語は，中小企業白書 2001 年版 II-2-3 節において，事業承継を契機とした「経営資源の維持・再生」を含意して用いられたことで，広く普及するようになったと言われている[18]。中小企業白書で取り上げられた事業承継に関する記述は図表 3-2 のようになっており，極めて大きな問題だと認識されていることがわかる。

図表 3-2　中小企業白書における事業承継に関する記述

| 年版 | タイトル | 掲載箇所 |
|---|---|---|
| 2001 | 「第 2 創業」としての事業承継の円滑化 | 第 2 部第 2 章第 3 節 .3 |
| 2003 | 事業継続意思と実際の事業継続 | 第 2 部第 2 章第 3 節 .2 |
| 2004 | 中小企業の世代交代と廃業を巡る問題 | 第 2 部第 3 章 |
| 2005 | 後継者に関する課題 | 第 3 部第 2 章第 3 節 |
| 2006 | 「世代交代の 2 つの波」と中小企業の事業承継・技能承継 | 第 3 部第 2 章 |
| 2007 | 中小企業の事業承継 | 第 1 部第 2 章第 4 節 |
| 2011 | 中小企業の事業引継ぎ | 第 2 部第 2 章第 2 節 1 |
| 2013 | 次世代への引継ぎ（事業承継） | 第 2 部第 3 章 |
| 2014 | 事業承継・廃業一次世代へのバトンタッチー | 第 3 部第 3 章 |
| 2016 | 経営者年齢による成長への意識の違い，経営者交代が業績に与える影響 | 第 2 部第 6 章第 2 節 2 |
| 2017 | 事業の承継 | 第 2 部第 2 章 |
| 2018 | M&A を中心とする事業再編・統合を通じた労働生産性の向上 | 第 2 部第 6 章 |
| 2019 | 経営者の世代交代 | 第 2 部 |
| 2020 | 経営者の高齢化と事業承継 | 第 1 部第 3 章第 2 節 |

　出所：『中小企業白書』から筆者作成。

　事業承継については 2019 年版で大きく扱われているので，2019 年版の記述から見ていこう。

　経営者の高齢化が指摘されており，事業承継の動きを促進することは喫緊の課題となってきている。現状では，親族内承継が 55.4 %，役員・従業員による承継が 19.1 % と 1 位，2 位を占めている[20]。それぞれが抱えている問題点とし

図表 3-3　経営者引退に伴う経営資源引継ぎの概念図

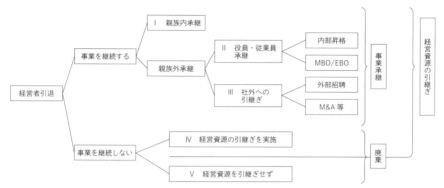

出所：中小企業白書 2019 年版，第 2-1-4 図 [19]。

ては，親族内承継の場合は税負担が大きい，役員・従業員への承継の場合は資金の準備ができないという問題点があるとされている。

　これらに対する支援策としては，市町村や地域金融機関，特定非営利活動法人，商工会・商工会議所等が連携して行う創業支援の取り組み [21] や M&A，マッチングサービスの充実など支援策は増えてきているがまだ有効利用されるには至っていないとされている [22]。

　中小企業白書 2020 年版では，同族承継に加え，内部昇格による承継が増えてきているとされている。また，第三者承継の一形態として M&A も増加してきているとされている [23]。

## 5．まとめ

　以上みてきたことをまとめてみると次のようになる。

　まず，中小企業についてイノベーションを考えてみる。中小企業は，大企業に比べてヒト，モノ，カネ，情報といった経営資源が乏しいことから，新製品の開発や生産工程の改善といった技術革新のような大きなイノベーションではなく，作業工程の見直など日常の小さな改革や新しい販路の開拓といった広義のイノベーションが中心になってくる。

　しかしながら，そのようなイノベーションに取り組むとしても人材の数の不

足，人材の質の不足，合わせて資金の不足，情報の不足といった経営資源の不足が足かせになってしまっていた。例えば海外マーケット進出について考えてみても，自社の製品の市場が海外にあることはわかっていても，多くの経営資源を必要とする直接輸出ではなく，取引先の大企業や商社を経由した間接輸出に頼らざるをえない状況になった。間接輸出では，海外顧客へのフォローアップ対応がしにくいこと，価格交渉権を持てないなど越えられない壁の存在に悩まされてきた。

　ところが，技術革新，特にデジタル化の急速な進展によって，この状況が大幅に変わる可能性が出てきた。インターネットを利用したEC市場での販売の可能性，また，EC市場が整備されればサプライチェーンも変更できる可能性が出てくる。加えて，景気低迷による大企業の業績の停滞も手伝って大企業と中小企業の取引構造に変化が生じ始めており，このことが中小企業にとっては1つの契機になる可能性もある。さら，デジタル化の進展に伴いシェアリングエコノミー，オープンイノベーション，アウトソーシング，さらにはクラウドファンディングといった従来の中小企業にとってイノベーション実現の足かせになっていた部分が次々と解消される方向に世の中が変わってきたのである。

　しかしながら，中小企業がイノベーションを実現していくには越えなければならないもう1つの大きな壁が存在している。それは，中小企業のイノベーションには経営者によるリーダーシップが必要であると指摘されてきたが，肝心の経営者の高齢化が進んできており，事業承継がうまく進まないことには，その先にあるイノベーションは実現できないという点である。

　この点に関しても，様々な支援ルートが出てきているが，現時点では十分に活用できていない。しかし，ここにきて世の中の流れが少しずつ変わってきている点は注目に値する。すなわち，地域が地域に根差した企業を明確に求め始めていることである。それに歩調を合わせるように中小企業に期待される役割として地域との関連性が指摘されるようになってきている。

　今後，日本においては少数だと言われている新規の起業家の出現と合わせて，現存する中小企業の事業承継がスムースに進むようになれば，日本経済を支えている中小企業がイノベーションを実現することができるようになり，将来の日本経済を明るいものとすることができるようになると考えられる。この

ことは，中小企業が地域との関連性を今以上に重視し，地域への貢献を明確な目的として考え始めるところから始まっていくことになる。

（古山　徹）

注
1　すべて企業ベースの数値。中小企業白書2020年版付属統計資料より。
2　中小企業白書2002年版第2部第2章第1節。HTML版での参照のため，参照先については，ページ数による表示でなく，この形式で表示する。
3　中小企業白書2002年版第2部第2章第1節。
4　中小企業白書2009年版第2章第1節。
5　中小企業白書2009年版第2章第1節。
6　中小企業白書2009年版第2章第1節2（3）。
7　中小企業白書2009年版第2章第1節2（2）。
8　中小企業白書2009年版第2章第1節2（3）。
9　中小企業白書2009年版第2章第1節5（3）。
10　中小企業白書2009年版第2章第1節5（5）。
11　中小企業白書2009年版第2章第2節3（2）。
12　中小企業白書2009年版第2章第5節1（2）。
13　中小企業白書2015年版第2部第2章第1節5（1）。
14　中小企業白書2015年版第2部第1章第1節。
15　中小企業白書2015年版第2部第1章第3節4。
16　中小企業白書2019年版第3部第1章第2節3。
17　中小企業白書2020年版第1部第4章第2節。
18　中小企業白書2001年版。
19　中小企業白書2019年版第2部第1章第1節2，第2-1-4図。
20　中小企業白書2019年版第2部第1章第2節1，第2-1-5図。
21　中小企業白書2019年版第2部第2章第2節2，コラム2-2-1。
22　中小企業白書2019年版第2部第2章第2節9。
23　中小企業白書2020年版第1部第3章第2節3。

参考文献
中小企業庁，「事業承継・創業政策について」2019年2月。
中小企業庁，中小企業白書（2001年度版から2020年度版まで）。

# 第 4 章

# 中小企業のイノベーション Ⅱ
## ──創業，第 2 創業，そして第 3 創業へ──

## 1．中小企業にも求められるイノベーション

　高度経済成長期における中小企業（特に中小製造業企業）は，安価で信頼性のある製品を提供することで競争優位を確立していた。しかし，高度経済成長期以降，グローバル化の進展に伴ってその優位性を維持することが難しくなってきた。例えば人件費は日本よりもアジア諸国の方が相対的に低く，その分だけ日本で製造する場合は完成品単価が高くならざるをえない。中小企業も，取引先である大企業の海外進出に合わせて海外展開が行われる場合が多いが，二次下請以降は取り残されることも多い。このような価格競争力に代わる新たな競争力の必要性に加えて，消費者ニーズの変化や多様化の進展，プロダクトライフサイクルの短縮化といった複合的要因によって，常に新たな商品の開発を続けることが中小企業にも求められるようになっている[1]。

　企業の研究開発成果は，経営革新あるいはイノベーションと呼ばれる。一見互いに関係がなさそうな事柄同士を結び付け，新たな製品の開発，生産，販路開拓，組織改革等を実現していくことが，イノベーションに該当する[2]。

## 2．事業承継問題と第2，第3創業

### (1)　中小企業の事業承継問題

　中小企業庁の「事業引継ぎガイドライン」改訂検討委員会資料によると，今後 10 年の間に 70 歳を超える中小企業・小規模事業者の経営者は約 245 万人

で，そのうち約半数の 127 万社において後継者が決まっていない。中小企業の廃業の増加により，2015 年から 2025 年頃までにかけて累計約 650 万人の雇用と約 22 兆円の GDP が失われる可能性が指摘されている[3]。また，帝国データバンクの調査によると，約 7 割の企業が事業承継を経営上の問題と認識している[4]。

　さらに，今般の新型コロナウイルス感染拡大により，世界の中小企業の休廃業率が増加している。例えばアメリカやロシア，タイの中小企業の休廃業率は21〜30％，ブラジルやメキシコで 31〜40％，イギリスやインド，南アフリカで 41〜50％と高い数値である。一方で日本は 10％程度と相対的に低い割合であり，この理由として，無利子・無担保の融資といった支援策が数値の上昇を抑えているとの指摘がある[5]。延命するだけでは根本的な解決にならず，後継者難の中小企業が新型コロナを契機として廃業を選択するという事例も報告されている[6]。

　一般的に，事業承継の方法には，子息，子女などの親族に承継する親族内承継，従業員や外部の人材など親族以外に承継する親族外承継，あるいは他

図表 4-1　規模別の現経営者の承継形態

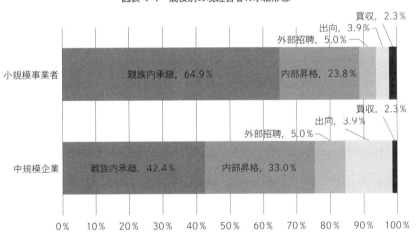

注：1　2012 年末時点のデータと 2007 年時点のデータを比較し，社長が交代している企業について承継形態を集計している。
　　2　小規模事業者 n=20,613，中規模企業 n=33,075。
出所：中小企業庁編（2013），143 ページ。

社に売却する M&A がある。このうち，親族内承継が一般的な方法と考えられるが，経営能力や引継ぎの意思を持つ親族がいるとは限らない。2008 年から 2012 年までの現経営者の承継形態を規模別にみると，小規模事業者では 64.9％がこの方法で承継されているものの，中規模企業では 42.4％となっており，親族内承継は規模が大きくなるほど低くなっている（図表 4-1 参照）。親族外承継であれば，従業員など候補者を広げて検討することが可能であるが，承継しようとする中小企業の借入金が現経営者の個人保証によって行われている場合，それも承継しなければならないという問題点があり，承継を躊躇させる要因となってしまう。このような状況で，近年 M&A による承継が注目されている。

## (2)　第 2 創業とは何か

　第 2 創業とは，「既存事業が存在するなかで，既存事業の見直し・底上げから一歩踏み込んで，既存事業の経営資源を活かしながら，あたかも新規創業のごとく，新規事業分野等に挑んでいくこと」と定義され，既存事業と新規事業分野の関係等により，①新製品と新市場の組み合わせによる「企業革新型第 2 創業」，②新製品開発と既存市場の組み合わせによる「経営革新型第 2 創業」，③新市場開発と既存製品の組み合わせによる「経営革新型第 2 創業」に分類できる[7]。

　第 2 創業を事業承継と関連させると，経営者交代を控えた後継者が，先代経営者とは異なる視点で創業以来蓄積された既存の経営資源を見直し，経営者交代後，新たな技術や市場に進出していくこと，と捉えられる。経営者が交代するという意味での第 2 創業のタイミングで，新しい商品・サービスの提供を開始する場合や，海外を含めた新市場に進出していく場合もある。

　第 2 創業の事例は第 1 章でも述べられているが，ここでは，錦見鋳造株式会社を採り上げる。同社は，三重県に所在する創業 1960 年（設立は 1989 年）の会社であり，当時，自動車部品の下請を担う小さな会社であった。希望の大学に進学できなかった現錦見社長は，父の会社に渋々入社するものの，バブル崩壊後，典型的な下請会社には厳しい時代であった。仕事が激減していったうえに発注会社の無謀な値下げ要求まで行われ，それに抗おうと直接交渉を試みた

が，「君の代わりはいくらでもいる」と言われてしまったという。この出来事から同社は 1992 年より，下請脱却を図るべく新製品開発（薄い鋳物のフライパン）に着手した。現錦見社長は 2000 年に代表取締役に就任しているが，開発に着手して 10 年後の 2001 年に，重さの問題をクリアした，薄く作られた鉄鋳物の「魔法のフライパン」を完成させている。鋳物の調理器具は熱伝導が良いため温まりは早く，さらに保温性も高く冷めにくいことから調理には最適であるものの，重さが問題となっていた。錦見鋳造株式会社は，炭素の配分量を変えることで，従来の常識であった厚さは 5 ミリの限界を超える，厚さ 1.5 ミリのフライパン製造に成功させたのである[8]。

## 3．中小企業の「第3創業」の事例

　第1章で言及されているように，第3創業あるいは新・創業は，新事業による営業価値の創出に加え，社会的価値も創出する企業を指す。この第3創業・新・創業とも位置づけられる，社会貢献にもつながる事業を行っている事例を紹介する。

### ⑴　新たな商品を開発することで社会貢献にもつながる事業を展開する会社：株式会社パン・アキモト

　同社の前身となる秋元パン店は，1947 年に栃木県で開業されている。地域のパン店として経営を続けていたが，1995 年の阪神淡路大震災時，何か貢献したいとパンを支援物資として送った。しかし，その 3 分の 2 は被災者に届く前に傷んでしまった。その経験から，長持ちする「パンの缶詰」の開発を始める。乾パンではなく柔らかくて長期保存できるパンを完成させようと試行錯誤を繰り返し，1 年後に「パンの缶詰」を完成させた。

　備蓄が可能なため，企業や個人に購入してもらったが，災害などの有事が生じない限りは活躍することなく，賞味期限が来たら廃棄することになってしまう。どうすべきかを検討している中で 2005 年にスマトラ沖地震が発生し，中古のパンの缶詰を売ってほしいとの依頼があったことから，賞味期限前のパンの缶詰を回収し，海外へ支援物資として届けるというアイデアを思いつく。こ

れが「救缶鳥プロジェクト」である[9]。

　同プロジェクトの詳細は以下の通りである。まずはパンの缶詰を家庭，学校，企業，自治体等に販売する。その後賞味期限が 1 年を切った商品を引き取り，新しい缶詰を 100 円引きで販売する（同プロジェクト開始時。現在は 2 年半後に回収し，下取り値引きは行っていない）。回収した缶詰は食糧難の途上国へ送り，支援活動に役立っている[10]。この取り組みは，途上国の食糧難問題解決への取り組みという社会的価値を創造するだけでなく，企業としてのアキモトの営業価値向上にもつながっている。

### (2)　創業時から社会課題の解決を目指している会社：andu amet

　最貧国と言われるエチオピアに生息する羊は「エチオピアシープスキン」と呼ばれ，非常に高い品質を持つにもかかわらず，技術力の不足等により，原料である皮の状態での輸出に依存し，必然的に低価格で買い叩かれていた。しかしそれらが海外でなめされ，縫製されると高い付加価値がつく。この付加価値はエチオピアには還元されず，現地では技術も育たないまま貧困が続いている状態であった。そこで同社は，エチオピアに直営工房を設立し，現地の若者を採用し，そこで十分に訓練した職人が手作りで製品を作っている。適正な価格で買い取ることはもちろん，高品質商品の提供と，途上国の人々の収入の安定化に貢献している。

　この事例は，第 3 創業・新創業というよりも「ソーシャルビジネス」として位置づけるべき事例であるが，このような社会的価値を創造する取り組みが既存の中小企業にも求められよう。

（鳥居　陽介）

注
1　安田・高橋・忽那・本庄（2007），157-158 ページ。
2　桜美林大学ビジネス科学研究所地域イノベーション研究グループ編（2020），1 ページ。
3　中小企業庁「事業引継ぎガイドライン」改訂検討委員会（2019）「中小企業・小規模事業者における M&A の現状と課題」(https://www.chusho.meti.go.jp/koukai/kenkyukai/hikitugigl/2019/191107hikitugigl03_1.pdf，2021 年 2 月 16 日アクセス)，1 ページ。
4　「日経 MJ」2020 年 9 月 21 日付。
5　「日本経済新聞」2020 年 8 月 24 日付朝刊。

6　「日本経済新聞」2020 年 9 月 29 日付。
7　信金中央金庫 総合研究所（2005），1-2 ページ。
8　錦見鋳造株式会社ホームページ（https://www.nisikimi.co.jp/technology/story.html，2020
　　年 10 月 14 日アクセス），テレビ東京ホームページ（https://www.tv-tokyo.co.jp/cambria/
　　backnumber/2019/0110/，2020 年 10 月 14 日アクセス）等参照。
9　株式会社パン・アキモトホームページ（http://www.panakimoto.com/products_pancan/story.
　　html，2020 年 10 月 13 日アクセス）。
10　「救缶鳥プロジェクト」パンフレット（http://www.panakimoto.com/products_kyucancho/pdf/
　　pamphlet_kyu.pdf，2020 年 10 月 13 日アクセス），吉沢（2015）等参照。

**参考文献**
桜美林大学ビジネス科学研究所地域イノベーション研究グループ編（2020）『地域とイノベーション
　　の経営学　アジア・欧州のケース分析』中央経済社。
信金中央金庫総合研究所（2005）「脚光を浴びる「第二創業」―既存事業の“行き詰まり感”の打開
　　へ向けて―」『産業企業情報』16-9 号（https://scbri.jp/PDFsangyoukigyou/scb79h16F09.pdf，
　　2021 年 1 月 9 日アクセス）。
中小企業庁編（2013）『中小企業白書　2013 年版』。
安田武彦・高橋徳行・忽那憲治・本庄裕司（2007）『テキスト　ライフサイクルから見た中小企業論』
　　同友館。
吉沢正広編（2015）『やさしく学ぶ経営学』学文社。

# 地域における中小企業の役割

# 第 5 章

# 中小企業による新事業・新産業創出 I

## 1. はじめに

2010年6月18日に閣議決定された「中小企業憲章」の冒頭に，このように書かれている。「中小企業は，経済を牽引する力であり，社会の主役である。常に時代の先駆けとして積極果敢に挑戦を続け，多くの難局に遭っても，これを乗り越えてきた」[1]。

中小企業が，地域課題・地域貢献を解決して行くことで，新しい事業が生まれ，新しい産業が生まれている。それが故に，この言葉が生まれたのであろう。地域に課題が発生すると，それに対応した新しい事業が生まれ，中小企業が生まれ，新しい産業が生まれるのである。大企業の大量生産で生じた隙間を埋めることでも，中小企業は生まれてきた。人が必要とするところに，新事業が生まれ，新産業が生まれるのである。

## 2. 新事業・新産業創出と社会的価値（社会貢献）

厳しい経済環境の中でも，新たな事業や新たな産業は必ず創出されてきた。例えば，リーマンショック後，デジタルマーケティングが生まれた。コロナ禍で国内の経済・産業全般が停滞した時でさえ，非接触のための新製品や新サービスが生まれ，リモートを使った新サービスが生まれ，医療や衛生分野等において新たな産業が生まれたのである。

大企業に比較し，資源が少ない中小企業が，事業機会を探索し，事業領域を選択し，事業戦略を確立し，安定的な収益を確保するまでには，困難が多い。

新商品（サービス）開発，生産管理，品質管理，販売促進，販路開拓等の活動
において様々な課題に直面し，その課題を打破できずに，埋もれてきた事業も
ある。

　限られた経営資源しかない中小企業にとって，地域の産業資源を有効に活用
し，地域産業の発展に寄与して行くことが，最良の策と考えられるのである。

　経済産業省は新事業創出のために「新連携の支援」「地域資源活用の支援」
「農商工連携の支援」等の支援を行っている。このような支援策を使い，地域
に新しい事業や新しい産業が生まれている。こういった支援は，日頃から地域
のことを考え，地域の方々に何をすべきかと常に考えている中小企業が，経営
資源の不足を補い地域の不便を解決するために活用されるものである。

　地域経済牽引事業の促進による地域の成長発展の基盤強化に関する法律で
は，第１条で，「この法律は，地域における産業の集積，観光資源，特産物，
技術，人材，情報その他の自然的，経済的又は社会的な観点からみた地域の特
性を生かして高い付加価値を創出し，かつ，地域内の取引の拡大，受注の機会
の増大その他の地域の事業者に対する相当の経済的効果を及ぼすものである地
域経済牽引事業の促進のために地方公共団体がその地域の経済社会情勢を踏ま
えつつ行う主体的かつ計画的な取組を効果的に支援するための措置を講ずるこ
とにより，地域の成長発展の基盤強化を図り，もって国民経済の健全な発展に
資することを目的とする」[2]とし，国が地域の新事業・新産業創出の支援を行っ
ている。この記述から見ても，企業の付加価値創出は，営業価値（営業利益）
だけでは図られず，社会的価値（社会貢献）も加味するべきである。

## ３．中小企業の経営理念

　近代日本資本主義の父と称される渋沢栄一は，「青淵百話」の第１章「天命
論」で，天命についてこう説いている。「天命とは實に人生に對する絶體的の
力である。此の力に反抗して事を爲さんとしても，それが永久に遂げ得るも
のでないことは，必ずしも余が説く迄もなく，既に幾多の歴史が之を説明して
居る。彼の『天命を知る』時に於て，人は初めて社會的に順序あり系統ある活
動が出來ると共に，其の仕事も永久的生命のあるものとなるので，それ即ち天

祐，天運の起る所以である。されば天命を樂しんで事を爲すといふことは處世上に於ける第一要件で，眞意義の『あきらめ』は何人も持たなくてはならぬ。（中略）故に人も我も常に此の心を心とし，意義ある生涯を送る様にしたいものである」[3]。約500の会社に関わり，同時に約600の社会公共事業にも尽力した実業の父渋沢栄一は，数々の事業を生み出した。これは，彼が「実業家」としての「天命」を全うしたからなし得たことである。

　広辞苑第7版によると，天命は「天によって定められた人の宿命」である。経営理念は「企業経営における基本的な価値観・精神・信念あるいは行動基準を表明したもの」である。天命は普遍のものであり，経営理念もまた普遍のものである。経営者は天命に従い，経営を行うべきである。天命から派生した小さな立志で経営を行うべきである。「この地域で，このような文化が失われつつあるが文化を残したい」「この地域で，このような問題が生じているから解決したい」「サプライチェーンにこのような事業があれば円滑になるので補いたい」。地域で起こる様々な課題に対し，解決しようという思いから，事業が生まれる。解決したいという志が，事業創出の種となる。地域に発生した問題を解決し，地域社会に貢献してゆくことで，数多の事業が生み出されている。

　事業が生まれる時には，社長の頭の中にやりたいことが描かれている。「もっと便利にならないか」「足りないものを補いたい」「自分の天命を果たすためにこれがやりたい」。それこそが理念である。「理念がない」と言う企業があるが，社長の頭の中に理念は存在するはずである。逆に社長の頭の中に描いている構想と掲げている理念が違う場合もある。これは，危険なことである。社長がやりたいことでもないことをやっていて，そのことに全身全霊で取り組めるのか。そのことに本当に責任がとれるのか。であるから危険なのである。予期しえない外部環境の変化によって，止むなく理念を捨てなければならない時もある。経営理念を変えるということは，会社の方向性が変わるということになり，会社の礎が変わることになるから，本来は変えるものではない。経営理念は，経営戦略の拠り所であり組織パラダイムの指針であり，経営の根っこである。社長の熱き思いを経営理念として掲げ，その思いによって，新事業・新産業は創出される。

## 4．中小企業の戦略

　社長の思いともいえる経営理念を現実の世界で実践するために練られたものが経営戦略である。地域に貢献し，社会の役に立たなければならない。社会貢献を成し遂げながら，限りのある資源の中で，実現しなければならない。中小企業は，乏しい人材・乏しい設備・乏しい資金という現実の中で，経営理念を実現するために経営戦略を立てなくてはならないのである。

図表 5-1　競争上の地位と戦略パターン

| コトラーの競争地位 4 類型<br>（相対的経営資源の位置） | | 量 | |
|---|---|---|---|
| | | 大 | 小 |
| 質 | 高 | リーダー | ニッチャー |
| | 低 | チャレンジャー | フォロワー |

　フィリップ・コトラー（Philip Kotler）は，競争地位は，業界におけるマーケットシェアの大きさと企業が有する経営資源の質と量により決定づけられ，業界内の地位を①リーダー，②チャレンジャー，③フォロワー，④ニッチャーの 4 つに分類し，それぞれの地位に応じた戦略をとることが望ましいと主張している（図表 5-1 参照）。

　中小企業は，特定市場でのミニ・リーダー戦略をとる。質（技術・ブランド力・マーケティング力等）が高くても，量（ヒト・モノ・カネ）が少ないため集中戦略をとる場合が多い。①特許や特殊技術でコア・コンピタンスを持つ企業，②市場を細分化した時に競争相手がいない隙間を狙う企業，③サプライチェーンが円滑に循環するために必要な企業もある。

　中小企業は経営資源が少ないため，商品の価格帯や販売チャネルなどを限定し，専門化することで収益を高めることを戦略目標とすることが多い。参入障壁が高いか，他の企業が参入してもあまり利益が出ない事業領域を選択するのである。その領域に限りある経営資源を集中し，その領域でのシェアを維持することで収益を確保するのである。

　利益追求しないと経営は存続しないのは事実である。しかし，日本には，利

益だけを考え経営をする中小企業は少ない。人様の役に立つため，地域の役に立つため，起業し，地域に根付いた戦略を立てている。人様のお役に立てるなら，社会に貢献できるのなら，利益は二の次で良い。利益追求だけが目的ではないのである。中小企業の存在意義は，営業価値（営業利益）だけでは図ることはできないのである。また，社会貢献だけを重視し赤字が続いたのでは，企業は存続できない。よって，企業価値は，「営業価値（営業利益）＋社会的価値（社会貢献）」で表す必要がある。

## 5．事例

### 事例1　株式会社世起

　株式会社世起は，1970年（昭和45年）に美容院経営で創業し，玩具販売，菓子付き玩具製造，菓子製造業へと時代の潮流にあわせて業態転換してきた。2018年「第7回四国でいちばん大切にしたい会社大賞」において，「中小企業基盤整備機構四国本部長賞」を受賞した。現在はお菓子の製造業であり，地元には関係ない製品を開発・販売することもできるが，地域密着を信条としその姿勢を貫いている。「伊予農業高校」からインターンシップの受け入れなどを行い，地元から社員を雇用することに注力している。伊予銀行のふるさと応援私募債「学び舎」という5千万円の私募債を発行し，「伊予農業高校」に寄付している。県・市町・住民の協働による地域づくりとして宿泊施設のない町「松前町」の観光事業を栄えさせることを目的としてスタートした「まさきーいいとこ見つけ隊」に対しても，イベントに積極的に参加し，イベントごとに試供品を提供し，地域事業創出の一助をなしている。今村暢秀社長は，地元の商工会では理事を務め，地元の学校では講演も行い，時には法人会のイベントが終わると黙って後片付けを手伝っている。毎朝会社の前を清掃するばかりではなく，月一回の環境整備では，会社近辺の清掃も行っている。営業価値（営業利益）を追求するだけでなく，社会的価値（社会貢献）も生み出すことに企業価値を見出している。

　なぜ地元（地域）にこだわるのか。それは，経営理念にも示される通り，「地域に生かされ，地域とともに発展したい」と願うからである。地道な地域

への貢献は，松前町広報誌等に取り上げられ，国の支援等も受けられることとなったのである。社会貢献の一部は，営業価値（営業利益）として，企業価値を上げる場合もあるが，それ以上の価値がある。

　経営理念「時代の変化に対応し，共に学び成長」とあるが，商品開発から新製品がスーパーの店頭に並ぶ期間が非常に短い。「甘酒ブーム」「塩ブーム」「抹茶チョコブーム」等ブームに乗った商品を数週間で開発できる企業文化で，時代の潮流に乗り，新たな価値を創造している。

## 事例2　認定NPO法人　演劇倶楽部『座』

　演劇倶楽部『座』の壤晴彦代表は，若くして狂言を学び，劇団四季を経て，蜷川幸雄と世界を廻った。ヨーロッパで，舞台関係者たちに「日本は演劇の宝島」と言われた。「日本人は，日本の演劇文化を知らない」とも言われた。「日本の演劇を知っている壤こそが日本の文化を広めるように」と言われ，そのことが天命であると確信した。

　その天命を全うすべく，「日本語の美しい響き」を学び合うための会を設立し，日本語の美しい響きを発信するために劇団を設立した。劇団は，国からの文化的補助を受けやすいようにするためNPO法人（Non-Profit Organization：非営利団体）となり，寄附金を集め事業を展開するため2019年11月に内閣府より承認が下り認定NPO法人となった。

　壤氏はこう語る。「かつて日本人に豊潤なことばと美しい姿を教えたのは『劇場』だと私は思っています。ことばと美術と音楽と身体表現を交配し，華開いた作品たちがこの国の精神と感性の礎となりました。我々の先輩の，礼に厚く誇り高くそして優しい佇まいはこうして形成されていったのです。一々挙げることはしませんが，今日，この国の心の荒廃は目を覆うものがあります。ことばこそ，思考と感受性のおおもとです。私たちは今日に伝わる小説や戯曲の豊かなことばを用いて今日の人々に語りかけたいと思います。そして失われかけたことばを取り戻し，再び瑞々しい『ことだま』の国を創りたいのです」。これこそが，壤晴彦代表の天命であり，劇団の理念である。

　壤氏は劇場で「日本語の美しい響き」を発信することに重きを置いていた。お客様に「日本語の美しい響き」を感じて貰い，その良さを広めようとしてい

た。その派生として，出演者が稽古を通して学び日本語の美しい響きを継承した。また，資金源として，劇団のファンを増やすため，ワークショップを行っていた。

　しかし，経営に未来を感じなくなったため，方向性を変えた。原点である理念に立ち戻り，新事業を立ち上げることにした。演劇倶楽部『座』の理念であり，壤氏の天命となっている「日本語の美しい響き」を後生に残すために，子供たちに観劇して貰い，観劇した子供たちにワークショップで「日本語の美しい響き」を伝える事業を行うことにした。ワークショップも，単なる資金源としてではなく，「日本語の美しい響き」を伝えるための手段として位置づけた。このことで，一気に支援が増えた。未来を担う子供たちに，「日本語の美しい響き」を通して「日本の心」を残して欲しいという思いが支援者に届いたからであろう。

　また，興行収入が難しくなった渦中，逆に，時代の潮流に乗り，リモート活用によって，全国にこの活動を広める事業を展開することにした。このように新事業が展開できるのも，常に理念を見つめ直し，何をすべきかを考えるようになったからである。

　劇団には，もう 1 つ大きな悩みがある。それは，劇団員の生活を安定するために，社員にしたいという希望である。小劇団の団員はアルバイトをして生活をつないでゆくというのが，演劇界の常識とされている。近年は，アルバイトが忙しくて，稽古を休むという本末転倒な人さえ現れている。しかし，劇団員が本業である「演劇」を糧として生活し，演劇を学んでいかねばならない。本業を全うして稽古をし，舞台を踏むことで，一流の演劇人とならなくてはいけない。演劇倶楽部『座』でいうと，劇団員が「安定した生活を得ることで，日本語の美しい響き」の伝達人となり，継承していかねばならない。この劇団員の生活問題も，子供たちへの舞台を増やし，ワークショップを増やすことで解消できる可能性がある。その実現のためにも，地域と密着した経営が大切なのである。

　演劇倶楽部『座』は，新宿つながるチャンネル（YouTube 配信）に積極的に参加している。理由は，地域に貢献するためである。地域のために尽くしてこそ，事業は成功するからである。昨今，海外展開が叫ばれていたが，その商

品・サービスがなくても不便を感じないような地域に海外展開をしても，失敗するだけであった。初めから海外のある地域のために作った商品やサービスを売るのであれば，それはその地域で必要とされるものであるから，その道も正解だと言える。しかし，地域に根付かないものを全国に世界に発信しても，必要とされる可能性はかなり低い。つまり売れないのである。地域を知り，地域の文化を知り，地域の方々のために尽くせないもの（商品・サービス）が，他の地域でも受け入れられる訳がないのである。

　演劇倶楽部『座』は，方言も大切に扱っている。方言には，その地域ならではの文化が詰まっているからである。方言にある「美しい響き」は，その地域ならではの表現から生まれている。こういった活動が各地域で受け入れられ，新しい事業を生んでいる。

　中小企業はニッチャーとして，地域への貢献を始め社会的課題に取り組んで行かねばならない。劇団経営も同じである。地域文化を繙かねばならない。地域に語り継がれた話や文化，根付いた方言を研究し，地域社会に溶け込み，地域社会に貢献し，地域とともに発展しなければならない。

### 事例3　有限会社内藤鋼業

　有限会社内藤鋼業は，内藤昌典社長の熱い思いとともに，地域の存在価値を高めている。社長は，会社の存続のために，地域と密着し，地域とともに生き残るためには何が必要かを常に考えている。

　2011年，内子町の森林から間伐や主伐の際，山に放置される未利用材・低質材を何とかしようと思い，内子町森林組合小田支所（原木市場）の隣に工場を建設し，ストーブやボイラーの燃料となる木質ペレットの製造を行うことにした。油を燃やして作られた熱や，電気で製造された熱ではなく，木を燃やして作られた熱で，内子町の学校や施設に，ぬくもりを提供しているのである。

　2018年には，内子町が目指すエコロジータウンの一環としてエネルギーの地産地消を実現するために，ペレットの技術とバイオマスの技術を活かし，発電のための（高品質の）木質ペレットを製造した。実は，発電のための木質ペレットの製造は困難を乗り越えての成功であった。材料によって，ペレットの品質・能力が変わってくる。一般社団法人日本木質ペレット協会の基準には適

合するが，ヨーロッパや ISO 基準には到達できていない。つまり，品質が異なるペレットでは，ストーブやボイラーには使えても，発電用のペレットには不向きということである。特に杉から，発電のための木質ペレットを製造することは，困難とされていた。しかし，地域ぐるみで行う「エネルギーの地産地消」ということで，それに賛同した地方銀行から資金調達され，設備導入することで，材料に差があっても，高水準なペレットを製造することに成功した。

　世界でも成功例がなかった杉から製造された木質ペレットを使った発電は，内子町 7,118 世帯（2020 年 8 月現在）のうち，約 2,500 世帯の電力を賄っている。内子町の 1/3 の電力を製造するための原料（木質ペレット）を生産することで，地域内エコシステムの一端を担っているのである。

　また，ここに問題が見つかった。木質ペレット製造時に，毎日 1 トンもの出る灰は，再利用として畑にまくには細かすぎ（風が吹くと近隣に飛散するため）産業廃棄物として処理しなければならないという課題が残った。2020 年，その産業廃棄物を使用して，林道整備に使用する石（バイオマスストーン）を製造販売することにした。

　内子町森林組合の提案で，林道整備の際に砂利を購入して林道に敷いていたが，その代わりに木質灰から作った石を敷けるのは，山から出た物が最終的に山に戻るのは理想的だと，製造販売に至ったのである。加えて，この事業により運送コストも大幅に減ったのである。砂利を運ぶトラックの排気ガスの心配もなく，地球に優しくなったのである。社長の地域社会へ貢献しなければならないという考えに一致したのである。

　この一連の構想は，地域社会に貢献し共存する社長の頭の中（経営理念）に即した考えを次々と具現化したものとなっている。毎年，町内から新入社員を雇用しているのも社長の描く構想の中にある。「内子町」および「内子町森林組合」との関係が増々強化され，「地元になくてはならない企業」としての位置づけが強化されている。

　豪雨被害において，復興活動に社員が積極的に参加した。これも，地域との共存共栄の精神が社員に浸透しているからである。地域に尽くし，地域とともに生きるという理念を具現化してゆくことで，地域への社会貢献を行っている。

# 6. まとめ

　事例に挙げた3社をみても，単に営業価値（営業利益）のみで企業価値を判断していては，本当の価値は計れない。株式会社世起と有限会社内藤鋼業は，利益を上げ，内部留保を蓄え健全な経営を行っている。しかし，それ以上の価値も地域にもたらしている。認定NPO演劇倶楽部『座』は，未来を担う子供たちのために行う事業であるという理念に共感した人（特に中小企業の社長）から寄附を集めることに方向転換した。企業価値に対して寄附が集まっている。この企業価値は，明らかに利益ではない。社会的価値（社会貢献）も合わせて判断すべきだと考えるのである。中小企業の企業価値は，「営業価値（営業利益）＋社会的価値（社会貢献)」で表す必要がある。

（木本　康聖）

**注**

1　経済産業省「中小企業憲章について」(https://www.meti.go.jp/committee/summary/0004655/kensho.html，2021年2月14日アクセス)。

2　経済産業省「地域経済牽引事業の促進による地域の成長発展の基盤強化に関する法律」(https://www.meti.go.jp/policy/sme_chiiki/miraitoushi/file/miraihou.pdf，2021年2月14日アクセス)。

3　渋澤（1912），9-10ページを参照。

**参考文献**

相葉宏二（1999）『MBA経営戦略』ダイヤモンド社。

渋澤榮一（1912）『青淵百話（第7版）』同文舘。

# 第 6 章

# 中小企業による新事業・新産業創出 Ⅱ
## ──新事業創出を中心として
## 厳しい環境を乗り切るための中小企業への示唆──

　この章では，中小企業による新事業創出を中心として 4 つの事例をもとに，コロナ禍の厳しい環境を乗り切るための中小企業への示唆を，また中小企業が地域にどのような役割を果たしているかを考察する。

## 1．はじめに

　コロナ禍の日本で中小企業も厳しい環境を迎え，業績悪化に苦しむ企業が多い。しかし中小企業は，日本の非一次産業の企業数の約 99.7％を占め従業者数の約 70.1％を占めている[1]。現状厳しい状況下ではあるが，この 10 数年を見てもリーマンショック（2008 年）東日本大震災（2011 年）と社会を揺るがす出来事が続き，その後大きな不況が訪れる厳しい状況があった。その中で新事業を興すなど，独自の工夫をして不況を乗り越えてきている中小企業がある。

　ここでは中小企業による新事業創出を中心とした 4 つの事例を通して，厳しい環境を乗り切るための中小企業への示唆を見ていく。また地域との関係性を念頭に，地域にどのような役割を果たしているかを見ておきたい。地域にどのように貢献しているかが，これからの中小企業経営の重要な点になると思われるからである。

　なおここでは，文字通り新事業を創出した例のみでなく，売り方を大きく変えるなどいわば営業方針を変えて成功した例や，他社の開放特許を使って新技術を創出した例なども含めて見ていくこととする。

　取り上げる事例は，全くの新事業を創出して成功した福島県大玉村の株式会社向山製作所，売り方を大きく変えいわば営業方針を変えて成功した東京都町田市の株式会社ヤマグチ，「単品・小ロット試作」による付加価値の高い新しいビジネスモデルを構築しまた他社の開放特許を利用することにより新技術を創出した京都府京都市の髙木金属株式会社，新サービスを創出することにより新事業を創出し下請から脱却して成功した東京都品川区の株式会社ハーツの4社である。

## 2．中小企業による新事業創出を中心とした4事例

### 事例1　株式会社向山製作所[2]

　株式会社向山製作所は福島県安達郡大玉村にある電子部品製造会社で，1990年の創業である（資本金2,000万円，従業員83名）。

　元々は，電子部品メーカーではんだ付け技術に強みを持った会社で，創業時はカラオケ装置の部品製造をして仕事は順調に進んでいたが，バブル崩壊で受注が激減した。その後に携帯電話の急激な普及で電子部品事業の仕事が増え一息ついたが，2008年にリーマンショックが起こり，仕事の8割を失った。

　ここで織田社長は，従業員の雇用を守るため新事業に乗り出そうと考えた。キャラメル製造という正に新事業に乗り出し成功するのであるが，その道のりは以下のようなものであった。

　元々料理が好きだった織田社長は，改めて何を作るかと考えた時，福島産の農産品を使った新しい食品を開発するフード事業の構想が浮かんだ。その頃，東京の大手百貨店が店内の目立つところに，次々とスイーツコーナーを作り始めていた。そこでスイーツを作ることを考え，工場内には開発に充てるスペースはないが業務用のガス台があったので，ガス台と鍋だけで作れるチョコレートとキャラメルを作ることを思いついた。ここでチョコレートは専門店が多くあるため，キャラメル作りをしようと考えた。しかし従業員がキャラメルは歯につくからという理由で嫌いだと言うので，「福島の食材を使った歯につかないキャラメル」の製造をすることとした。つまり，消費者が体感できる差別化のある商品を製造することを開発目標としたのである。

　試行錯誤の上にできた生キャラメルは,「福島の電子部品会社が生キャラメルを作って従業員の雇用を守る」とメディアで紹介され当初注目を集めたが,ブームが去ると売れなくなった。その後,販売努力を重ねていった結果,有名百貨店から催事のオファーが来るようになり,2011年には大手航空会社の国際線ファーストクラスのプチフールに使うということになった。

　しかしその後すぐに東日本大震災があり,福島第一原発の風評被害で取り扱ってもらえる百貨店はなく,大手航空会社の話もキャンセルとなり,再び事業が苦しくなった。そこで世界に挑戦することとし,世界的に有名なスイーツの祭典「サロン・デュ・ショコラ・パリ」に2012年に出店したところ,これまでにない食感のお菓子として評判となり,大成功を収めた。これが国内でも話題となり,一躍有名となり,百貨店での販売も行われ業績も伸びていった。今や,福島で人気のお菓子を製造する企業とまでなったのである(なお現在も売上の約5割は電子部品である)。

　織田社長は,「オール福島産のお菓子を復活させることが社員皆の願いである」と語っており,福島に人がもっと来てくれるように,創業の地である大玉村にカフェと販売スペースおよびベーカリーを備えた大玉ベース店をオープンさせている。地域との関係を大事にし地域に貢献し,また地域におけるお菓子産業にも良い影響を与えていると言える。

　また前述のように,織田社長が新事業に乗り出そうとしたのは,従業員の雇用を守ろうと思ったことがある。このことは,地域の雇用を守るという中小企業の大きな役割につながるものである。

(この事例のポイント)

　新事業を創出したこと。これは「福島の食材を使った歯につかないキャラメル」の製造を行うもので,消費者が体感できる差別化を行ったことが重要であった。

　またこれにより従業員の雇用を守った。このことは,地域の雇用を守るという中小企業の大きな役割につながるものである。またキャラメルを作る時も福島の食材を使い,地元福島のことを大切に思っていることも,地域に貢献するという中小企業の役割につながるものである。

図表6-1　生キャラメル

出所：株式会社向山製作所HP（http://
www.mukaiyama-ss.co.jp/，2020年
9月21日アクセス）。

　この新事業の創出により成功し，雇用も守ったことがポイントであり，厳し
い環境を乗り切るための中小企業への示唆となると思われる。

### 事例2　株式会社ヤマグチ[3]

　株式会社ヤマグチは東京都町田市にある電化製品の販売・修理の会社で，
1965年の創業である（資本金1,000万円，従業員40名）。
　当初は通常の町の電器屋さんとして営業していたが，町田市が東京のベッド
タウンとなり人口が増え始め，1996年頃から家電量販店の出店が続き家電6
店舗と競争するエリアとなり，厳しい販売競争に巻き込まれていった。
　その後，当社は大きく営業方針を変え，地域のお客様に徹底的に密着する
サービス・地域密着の御用聞きサービスを行う家電販売店にと姿を変えていっ
た。家電販売以外の，家の留守電や電球1つからの訪問交換，買い物に行く時
の足代わりの送迎といった，困った時にすぐに飛んできてくれる，かゆいとこ
ろに手が届く「御用聞き的家事サービス」を行ったのである。「便利な電器屋・
トンデ行くヤマグチ」をモットーにしたこの御用聞きは，特に高齢者の方々に
評判が良く頼りにされ，困った時は「遠くの親戚より近くのヤマグチ」とまで
言われるようになった。その結果，同社のデータベースにある顧客の平均年齢
は64歳と高齢で，訪問販売が約65％の割合となっている。

　ここで重要なことは，地域のお客様に徹底的に密着するサービスを行った結果，量販店より価格が高くてもヤマグチで買うという地元住民のファンを多く抱え，量販店との価格競争をする必要がなくなり利益が上がるようになったことである。同社は，売上より利益率を高めることに注力したのである。これも他社との差別化の1つの方法で，この地域密着のサービスと高齢者に多くのファンを抱えることは，特に今後日本で高齢化が進んでいくことを考えると示唆に富むものである。

　同社は，地域密着の経営で地域との関わりを大事にしており，地域の高齢者にとって良い企業となっている点でも，地域貢献をするという中小企業の役割を果たしている。また地域の家電販売の産業にも，全体の活性化となり良い影響を与えているといえる。

（この事例のポイント）
　新事業の創出ではないが，売り方を大きく変えいわば営業方針を変えて，地域密着の御用聞きサービスを行う家電販売店に変えたことと，それにより価格競争から逃れ利益を出せるようになったことがポイントである。中小企業は地域密着であることが大事と言われるがその良い例であり，地域住民にとって大事な企業となることで地域に貢献するという中小企業の役割も果たしている。またこのサービス方法は高齢者に評価が高く，今後は益々高齢化が進むことを考えると，厳しい環境を乗り切るための中小企業への示唆となると思われる。

## 事例3　髙木金属株式会社[4]

　髙木金属株式会社は，京都府京都市にある仏具等の装飾用めっきと電子機器やインフラ設備などに使われる工業製品のめっき加工をする会社で，1966年の創業である（資本金1,000万円，従業員32名）。そのめっき加工の技術は優れており「現代の名工」[5]を受賞している（2004年）。

　同社は量産加工による価格競争を続けていくことに限界を感じ，付加価値の高いビジネスモデル構築を目指し，「単品・小ロット試作」に着目し実践した。

　この「単品・小ロット試作」は手間がかかるため，他社は手を出したがらないといわれる分野である。これに対し同社は，その高い技術力を使い，試作段

階から顧客に関わり高付加価値な提案をして，他社との差別化を行って業績を
伸ばしていった。

　さらに同社は，新技術開発に取り組み，他社（大手企業）の開放特許[6]を利
用し「抗菌めっき技術」という新技術を開発し，2019年より販売を開始して
いる。これにより，技術力・販売力が高まった。この開放特許の活用は，オー
プンイノベーション[7]の1つの手法である。近時，厳しい環境下で中小企業が
自社の技術だけで困難を乗り切っていくのは難しいケースも多く，このように
他社の開放特許を使うなどして新しい商品を作り業績を伸ばしているケースが
出てきている。これらは，オープンイノベーションの取り組みと言われ，ここ
にも厳しい環境を乗り切るための中小企業への示唆がある。

　また同社の「試作」ということについてであるが，京都には同社も加盟して
いる試作ネットというものがある。「顧客の思いを素早く形に変える」をコン
セプトに，京都府に所在する機械金属関連の中小企業が共同で立ち上げたもの
で，「試作に特化したソリューション提供サービス」を専門とするサイトであ
る。この試作という取り組みにより，付加価値の高いものを作っていくこと
は，他社との差別化となるものと考えられる。

　同社の取り組みは，京都ならではの伝統の技術を守りながら，新技術により
ものづくりという京都の地域産業を活性化させるものでもあり，地域に貢献す
るという中小企業の役割を果たしているといえる。

**図表 6-2　髙木金属株式会社がめっき加工をした製品**

出所：髙木金属株式会社 HP（http://takagilabo.jp/，2020 年 9 月 27 日アクセス）。

（この事例のポイント）

　高い技術力を用いて「単品・小ロット試作」による付加価値の高い提案をしていくという新しいビジネスモデルを構築したことと，オープンイノベーションの 1 つの手法である他社の開放特許を利用し新技術を開発し他社との差別化を図っていったことがポイントである。これらは，厳しい環境を乗り切るための中小企業への示唆となると思われる。

### 事例 4　株式会社ハーツ[8]

　株式会社ハーツは，東京都品川区にある「レントラ便」（運転手付きのトラックを 30 分単位でレンタルする配送サービス）を提供する会社で，1993 年の創業である（資本金 1,300 万円，従業員 15 名）。

　創業時は大手物流会社の下請企業として，対事業者向けの配送サービスを行っていた。2001 年に売上高の多くを依存する取引先企業が配送業務を内製化し，収益が大きく落ち倒産寸前となった。ここで山口社長は，下請から脱し新しい自社サービスを作ろうと考え，対消費者向けの引っ越し業界に参入したが，苦しい状況が続いた。

　その時，ある大学生からの「こういう不便がある」[9]という話から，トラックに特化した時間単位制のレンタカーサービスとプロドライバーによる運転サービスを組み合わせた，レントラ便を企画し開発した。

　その後，このレントラ便に注力していく過程で様々な問題も起きたが解決し，現在では下請業務がなくなるまでに新サービスが成長し，利益面でも適正水準を維持している。また同社は他にも新サービスの開発に取り組んでいる。

　山口社長は「世の中には，不安，不足，不便，他の様々な『不』が存在する。新規事業を考える際には，人々が抱える『不』の解消を意識することが事業発展の近道になると思う」と語っているが[10]，ここに新規事業創出の大きなヒントがあると思われる。

　同社が地域で果たしている役割としては，地域の人が思う不便を解消する新サービスの開発に取り組んでいること，いわば地域課題の解決に取り組んでいることで，地域に貢献するという中小企業の役割を果たしているといえる。

　また同社はさらなる新サービスの開発にも取り組んでおり，地域の同産業の

活性化に貢献しているといえる。

（この事例のポイント）

　新サービス（レントラ便）を創出することにより新事業を創出し下請から脱却して成功したことと，新サービスを考えるにあたって世の中の『不便』を解消することに着目したことがポイントである。これらの点に，厳しい環境を乗り切るための中小企業への示唆があると思われる。

## ３．まとめ

　以上，4つの事例を見てきた。ここで新事業創出等による厳しい環境を乗り切るための中小企業への示唆と，中小企業が地域にどのような役割を果たしているかをまとめたい。まず前節で挙げた4事例について，各事例のポイントを再度まとめると以下のようになる。

　事例1の株式会社向山製作所は，「福島の食材を使った歯につかないキャラメル」の製造を行うという新事業を創出したもので，消費者が体感できる差別化を行い収益を伸ばし，これにより従業員の雇用も守った。さらには，地域との関係を大事にしている。これらのことが，厳しい環境を乗り切るための中小企業への示唆となるものである。

　事例2の株式会社ヤマグチは，地域密着の御用聞きサービスをする家電販売店にその営業方針を変えたもので，中小企業は地域密着であることが大事と言われるが，その良い例である。言い換えると，地域と企業との関わりの大事さを実践しているともいえる。

　またこのサービス方法は高齢者に評価が高く，今後は益々高齢化が進むことを考えると，厳しい環境を乗り切るための中小企業への示唆となるものである。

　事例3の髙木金属株式会社は，「単品・小ロット試作」による付加価値の高い提案をしていくという新しいビジネスモデルを構築したこと，オープンイノベーションの1つの手法である他社の開放特許を利用し新技術を開発し他社との差別化を図ったことが，厳しい環境を乗り切るための中小企業への示唆となるものである。また同社の取り組みは，ものづくりという京都の地域産業を活

性化させるものでもある。

　事例4の株式会社ハーツは，レントラ便という新サービスを創出することにより新事業を創出し，下請から脱却し成功したこと，またこの新サービスの創出には，地域の人が思う『不便』を解消することに着目したこと，いわば地域課題の解決に取り組んでいること，これらが厳しい環境を乗り切るための中小企業への示唆となるものである。

　以上から厳しい環境を乗り切るための中小企業への示唆として，次の点が引き出せる。

　地域密着であること，他社との差別化を何らかの手法で図ること，他社の開放特許を利用するなどオープンイノベーションの取り組みをすること，新事業創出には不安，不足，不便，他の様々な世の中の『不』を解消することに着目すること，などである。そして，それらにより厳しい環境を乗り切り雇用を守ることが，中小企業が評価され事業を継続させていくために大切なことである。

　中小企業が地域にどのような役割を果たしているかについては，地域の雇用を守ること・地域密着とし地域との関わりを大切にすること・オープンイノベーションの取り組みなどで地域の企業を活性化すること・地域課題の解決を行うこと，などにより事業を通じて地域に貢献するという役割を果たしている。

　なお本稿では中小企業による新事業創出を中心として事例を見てきたが，これらの事例は中小企業による産業創出に直接つながるものではないが，各事例のところで述べたように，各々が属する産業に良い影響を与え，その産業の地域での価値を高めていると思われる。

（菅井　徹郎）

注
1　関（2017），18ページ。
2　この株式会社向山製作所については，会社HP（http://www.mukaiyama-ss.co.jp/，2020年9月19日アクセス）と独立行政法人中小企業基盤整備機構 J-Net21 経営課題別に見る中小企業グッドカンパニー事例集『（株）向山製作所』夢の扉は自分たちで開ける！　生キャラメルへの想い（https://j-net21.smrj.go.jp/special/good_company/2018102901.html，2020年9月19日アクセス）およびビジネスサミット Online 特集「ピンチをチャンスに変える」「生キャラメルで夢の扉を開く」（https://www.business-summit.jp/Column/detail.php?id=1269758，2020年9月22日アクセス）を主に参照した。
3　この株式会社ヤマグチについては，中小企業庁編（2020），II-180ページ，事例2-2-9および会

社 HP（http://d-yamaguchi.co.jp/，2020 年 9 月 19 日アクセス）を主に参照した。

4　この髙木金属株式会社については，中小企業庁編（2019），359 ページ，事例 3-1-21 および会社
　　HP（http://takagilabo.jp/，2020 年 9 月 21 日アクセス）を主に参照した。

5　卓越した技能者表彰制度に基づき厚生労働大臣によって表彰された卓越した技能者の通称。

6　（株）神戸製鋼所の開発した高機能抗菌めっき技術「ケニファイン」。なお開放特許とは，特許の
　　権利者が第三者に開放する意思のある特許で，利用希望者は権利者とライセンス契約を結ぶことで，
　　その技術を自社の商品開発などに用いることができるもの。前掲・中小企業庁編（2019），359 ペー
　　ジより。

7　オープンイノベーションとは「企業内部と外部のアイデアを有機的に結合させ，価値を創造する
　　こと」をいう。自社のみで商品やサービスを開発するより，他社，大学，公設試験研究機関，顧客
　　などと協力する方が，優れたアイデアを素早く得られる。また，自社で考えたアイデアを外部に提
　　供することで，自社の経営資源ではできなかった商品・サービス化を行うこともできる，というも
　　の。前掲・中小企業庁編（2019），363 ページより。

8　この株式会社ハーツについては，前掲・中小企業庁編（2020），II-38 ページ，事例 2-1-5 と会社
　　HP（https://rentora.com/，2020 年 9 月 21 日アクセス）を主に参照した。

9　これは，コンテストに参加するために大きな荷物を運ぶ必要のある学生から聞いた「本当はレン
　　タカーを借りて安上がりに済ませたいのだが，慣れないトラックを運転して都内を走り回るのは怖
　　い」という話である。前掲・中小企業庁編（2020），II-38 ページ，事例 2-1-5 より。

10　前掲・中小企業庁編（2020），II-38 ページ，事例 2-1-5 より。

## 参考文献

坂本光司・人を大切にする経営研究所（2020）『［実践］強い会社の「人を大切にする経営」』PHP 研究所。

中小企業庁編（2019）『中小企業白書　2019 年版』日経印刷。

中小企業庁編（2020）『中小企業白書　小規模企業白書 2020 年版　上』日経印刷。

関智宏編著（2020）『よくわかる中小企業』ミネルヴァ書房。

関満博（2017）『日本の中小企業』中央公論新社。

山口勉（2016）『「脱・値引き」営業』日経 BP 社。

髙木金属株式会社 HP（http://takagilabo.jp/）。

独立行政法人中小企業基盤整備機構 J-Net21 経営課題別に見る中小企業グッドカンパニー事例集
　　『（株）向山製作所』夢の扉は自分たちで開ける！　生キャラメルへの想い（https://j-net21.
　　smrj.go.jp/special/good_company/2018102901.html）。

株式会社ハーツ HP（https://rentora.com/）。

ビジネスサミット Online 特集「ピンチをチャンスに変える」「生キャラメルで夢の扉を開く」（https://
　　www.business-summit.jp/Column/detail.php?id=1269758）。

株式会社向山製作所 HP（http://www.mukaiyama-ss.co.jp/）。

株式会社ヤマグチ HP（http://d-yamaguchi.co.jp/）。

第 7 章

# 中小企業の新たな地域内の産学官連携

## 1．地域活性化に対する中小企業の役割

### ⑴　地域の衰退と中小企業（地域企業）の産学官連携の必要性

　経済のグローバル化・ボーダーレス化によって，地域資源の流出，大都市圏や地方の中核都市への集中が進展している。例えば，総務省統計局の「住民基本台帳人口移動報告」によると，東京圏へは，2014 年から 5 年連続で 10 万人を超える転入超過になっている[1]。地域の人口減少は，税収減による行政サービスの低下や社会インフラ老朽化，地域公共交通の撤退・縮小などが生活利便性の低下をもたらし，また，住民組織の担い手不足や学校の統廃合などによる地域コミュニティの機能低下や，空き家・空き店舗・工場跡地・耕作放棄地の増加などが地域の魅力の低下をもたらし，それがさらなる人口減少を引き起こすという悪循環を引き起こす恐れがある。小売・飲食・娯楽・医療機関などの生活関連サービスが縮小していくことにより，就業機会が減少していくことも，さらなる人口減少を招く要因と考えられる[2]。

　地域における経済・社会構造の変化に対応し，地域経済の活性化を図るためには，地域経済を担う中小企業・小規模事業者による地域の強みを活かした取組が必要であるといえる[3]。2010 年 6 月に閣議決定された「中小企業憲章」では，「中小企業は，経済やくらしを支え，牽引する。創意工夫を凝らし，技術を磨き，雇用の大部分を支え，くらしに潤いを与える。意思決定の素早さや行動力，個性豊かな得意分野や多種多様な可能性を持つ。経営者は，企業家精神に溢れ，自らの才覚で事業を営みながら，家族のみならず従業員を守る責任を果たす。中小企業は，経営者と従業員が一体感を発揮し，一人ひとりの努

力が目に見える形で成果に結びつきやすい場である。中小企業は，社会の主役として地域社会と住民生活に貢献し，伝統技能や文化の継承に重要な機能を果たす。小規模企業の多くは家族経営形態を採り，地域社会の安定をもたらす。（中略）難局の克服への展開が求められるこのような時代にこそ，これまで以上に意欲を持って努力と創意工夫を重ねることに高い価値を置かなければならない。中小企業は，その大いなる担い手である」[4]との基本理念を掲げており，中小企業は地域社会へ貢献できる存在と位置づけている。

　このように，地域活性化には中小企業を中心とした地場産業の創出・育成が期待されるが，グローバルに競争が激化しているうえに，そもそも中小企業は資源が限られている。ここで，産学官連携が有効となりうる。

## (2) 産学官連携の歴史

　日本における産学官連携の起源は，明治初期と言われている。1873年，工部省に工学寮が設置され，外国技術の導入とエンジニア育成が行われていた。工学寮は明治期の産業発展を推進する教育機関の先駆け的存在であり，後に工部大学校，帝国大学の工学部と改組されていった。戦前の産学連携の事例として，白熱舎（現，東芝），鈴木製薬所（現，味の素），ヤクルト本社，トヨタ自動車などが挙げられる。このような企業と大学の連携は，私的なネットワークによって結びついており，柔軟に行われていた[5]。

　戦後は，産学連携から生まれた技術が軍事転用されたことによる同連携への拒否反応や，大学研究は産業界とは独立して行われるべきとの考え方の高まりなどによって，産学連携は低迷期を迎える。

　ここに変化が見え始めたのが1980年代である。大学では研究資金の不足で基礎研究が発展せず，民間資金を大学に導入しようとする動きが出てきた。しかし，バブル崩壊によって余裕がなくなった企業は，基礎研究よりも製品に直接結びつくような短期的研究に重点を置くようになり，日本の国際競争力の低下が懸念されるようになっていった。そこで1995年に科学技術基本法が制定され，1998年には産学官連携を推進していくため，「大学等技術移転促進法（大学等における技術に関する研究成果の民間事業者への移転の促進に関する法律，TLO法）」が制定された[6]。TLO法は，「大学，高等専門学校，大学共

同利用機関及び国の試験研究機関等における技術に関する研究成果の民間事業者への移転の促進を図るための措置を講ずることにより，新たな事業分野の開拓及び産業の技術の向上並びに大学，高等専門学校，大学共同利用機関及び国の試験研究機関等における研究活動の活性化を図り，もって我が国産業構造の転換の円滑化，国民経済の健全な発展及び学術の進展に寄与すること」を目的としている[7]。

以降，2000年に「産業技術力強化法」が策定され，承認・認定TLO（技術移転機関）の国立大学施設無償使用許可，大学教員のTLO役員・研究成果活用型企業の役員・株式会社監査役との兼業が許可される，2006年に「教育基本法」が改正され，大学の役割として社会貢献（産学官連携等）が明文化される，2013年に「産業競争力強化法」が制定され，国立大学によるベンチャーキャピタル等への出資が可能になる，など産学官連携に向けた法整備が整えられていった[8]。

## 2．中小企業の産学官連携への取り組み状況

### (1)　産学官連携で何を目指すのか

中小企業は，何を目的として産学官連携を実施するのか。少し古くはなるが，東京商工会議所が2005年に行った「産学連携への取組状況についてのアンケート」によると，「新たな技術・製品の開発」が82.7％（91社）と最も多く，次に「技術・製品の評価，分析」の29.1％（32社），「技術相談」の24.5％（27社）と続く（図表7-1参照）。

産学官連携といっても，多様な形態が存在する。具体的には，①企業と大学等との共同研究，受託研究など研究面での活動，②企業でのインターンシップ，教育プログラム共同開発など教育面での連携，③TLO（Technology Licensing Organization：技術移転機関）の活動など大学等の研究成果に関する技術移転活動，④兼業制度に基づく技術指導など研究者によるコンサルタント活動，⑤大学等の研究成果や人的資源等に基づいた起業，の5つに類型化することができる。ただし，これらは相互に密接に関連しているため，同時に複数の側面を構成することもありうる点に注意は必要である[9]。

　また，同アンケートから，中小企業の今後の産学連携への取り組みに対する考え方を確認すると，産学連携の経験がある企業は，「積極的に取り組みたい（29.0％）」，「適宜，取り組みたい（71.0％）」と答えており，「取り組むつもりはない」という企業は0％であった。連携実施の経験がある企業はその有効性を認識していると考えられる。その一方で，産学連携の経験がない企業では，

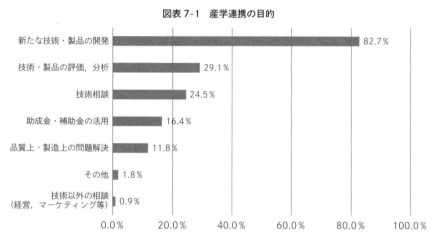

図表7-1　産学連携の目的

注：n=110，複数回答。
出所：東京商工会議所（2005）「中堅・中小製造業における産学連携の取組状況に関するアンケート調査結果」。

図表7-2　産学連携への今後の取り組み意向についてのアンケート

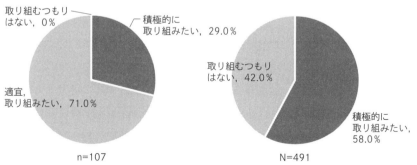

出所：図表7-1と同じ。

「積極的に取り組みたい」と回答した企業が 58.0％，「取り組むつもりはない」と回答した企業が 42.0％であった（図表 7-2 参照）。半数弱は実施を望んでいないものの，半数以上は取り組みの意欲があることがわかる。

### (2)　産学官連携を実施する上での問題点・課題

　では，意欲があるものの，実際の取り組みまで至っていない理由はどこにあると想定されるのか。公益社団法人中小企業研究センター（2013）によるインタビュー結果を中心にみると，そもそもの企業側の事情として，例えば下請の企業等においては，日々の仕事に追われ新しいことに目が向きづらく，新事業へチャレンジする時間的な余裕がない，という場合がある。

　連携を希望していたとしても，対象となる大学との関係においては，大学等の敷居の高さから企業側から相談することを躊躇してしまう，大学研究の実態とは異なるニーズを企業が持っている，といった課題が挙げられている。人脈がない状態では，大学へアクセスするハードルが高いと考える企業も多いと考えられ，たとえつながりがあったとしても，企業側のニーズと大学側のシーズが一致しない場合もあり，産学官連携の実現に向けては技術的な側面に強い，目利きができるコーディネーターが求められる。この役割を担える存在としては，「官」に該当する県職員，コーディネーターとなる組織の人材などが挙げられよう。

　実際に連携を始めても，最終的に有意義な結果を得るための課題も存在している。シーズとニーズを結びつけることが産学連携であるという固定観念にとらわれすぎているので，例えば中小企業が自社製品を大学に評価・分析してもらうことも検討すべきであるという意見や，大きな案件を狙いに行き過ぎる傾向があるので，身の丈にあった細かい分野でトップを目指すべきという意見などがあり，産学官連携をどう捉えるかが重要になってくる。近年，産学官連携が注目されているという理由だけで大学・企業間の共同研究を開始し，目的が不明確となってしまう事例も散見され，そのように産学官連携自体が目的となってしまっては，有意義な成果は期待しにくい。

　実際に連携がスタートしても，技術面に偏重すると，マーケティングや販売についての対応が不十分（コーディネーターが不在）となる場合もある。特に

地方では，販売先も多くないことから，マーケティング支援が求められる。また，大学で雇用可能なコーディネーター数には限界があり，対応可能な件数にも限界があるため，すべての案件について同一レベルの対応は難しい現状にあるといった課題も存在している。

## 3．産学官連携の具体的事例

　前述のような課題は存在しているが，それらを克服しながら成果を上げている事例も増大している。例えば，すべてが中小企業の事例ではないものの，総務省行政評価局の「産学官連携による地域活性化に関する実態調査　結果報告書」では，33 の事例が紹介されている。同報告書ではそれら事例を，連携活動により得ようとした成果の内容からは，①商品開発を目指すもの（地域伝統産業の復活を目指す，地場産品を活用した商品開発，新規の商品開発を目指す），②生産・管理の支援等，③産学官連携活動の促進を目指すもの，④生産拠点づくりを目指すもの，に分類している [10]。事例の具体的な内容は，図表 7-3 の通りである。

　これらの中でも，本書の特徴である，社会的価値の追求も行う「新中小企業」との関連で位置づけられる事例としては，「企業が地域貢献を重視し，地域における新産業化を目指すような事例で行われている活動」である「⑦温泉トラフグ養殖」，「㉚コスメティック構想」，「㉜新シルク蚕業構想」が挙げられる。また，「地域が抱える課題の解消を目的とした開発を行う事例」として，「③ AI 等を活用した持続可能な水産業」や「⑧農業用ロボット（イチゴ収穫ロボット）」といった地域の働き手の高齢化を背景にした労働支援を図る製品開発を目指すものや，「㉓排水（汚泥）処理技術」といった地域の河川の水質悪化を背景に，その改善を図る製品開発を目指すものが挙げられる [11]。

　それぞれの事例のうち，「産」が中小企業に該当するものを，番号順に簡単に説明する [12]。

　「⑦温泉トラフグ養殖」は，「産」が株式会社夢創造，「官」が那珂川町，「学」が東京大学と宇都宮大学である。株式会社夢創造は，海水魚であるトラフグを，温泉水を使って養殖することに取り組み，生産システムの開発に成功

**図表7-3　総務省行政評価局による産学官連携の取り組み調査対象事例**

| 番号 | 事例 | 地域 | 概要 |
|---|---|---|---|
| 1 | チョウザメ養殖 | 北海道 | チョウザメの飼育技術の向上，魚肉およびキャビアの生産体制の構築 |
| 2 | TOKACHI Grand Nuts プロジェクト | 北海道 | 落花生の栽培・普及，加工による高付加価値化 |
| 3 | AI等を活用した持続可能な水産業 | 北海道 | 機械学習による漁獲量の推定 |
| 4 | TOLIC（東北ライフサイエンス・インストルメンツ・クラスター） | 岩手 | ライフサイエンスの事業化連携体 |
| 5 | バイオクラスター形成促進事業 | 山形 | 先導的なバイオ分野の研究機関の成果を活用できる機会創出 |
| 6 | ふくいろキラリプロジェクト | 福島 | 技術課題の解決，製品開発から販売までのトータルサポート |
| 7 | 温泉トラフグ養殖 | 栃木 | トラフグの温泉水による養殖 |
| 8 | 農業用ロボット（イチゴ収穫ロボット） | 栃木 | 地域の企業等の技術と大学の技術の融合によるイチゴ摘みロボット開発 |
| 9 | ライスミルク | 茨城 | ライスミルクの研究・開発・事業化 |
| 10 | ワイヤレス給電機能付き電動アシスト自転車 | 埼玉 | 大学と企業の共同開発による電動アシスト自転車 |
| 11 | ヨウ素の製品化 | 千葉 | 産出量世界シェア21%を占めるヨウ素の製品化 |
| 12 | にんにくオリーブオイル | 神奈川 | にんにくの活用法の検討 |
| 13 | リカバリーウェア | 神奈川 | 血行促進等ストレス解消に役立つナノ微粒子を用いたウェアの開発 |
| 14 | 三浦真珠プロジェクト | 神奈川 | 真珠養殖技術の復活 |
| 15 | 飯田航空宇宙プロジェクト | 長野 | 航空機産業振興機能の集積等の取り組み |
| 16 | 冷凍耐性こんにゃく | 岐阜 | 解凍しても触感が劣化しないこんにゃくの開発 |
| 17 | 美濃焼タイル | 岐阜 | 斬新なデザインのタイルを提案 |
| 18 | SUZUKA産学官交流会 | 三重 | 積極的な産学官交流活動の推進 |
| 19 | やまと cosmetic | 奈良 | 肌に優しいご当地コスメの開発 |
| 20 | 鹿の生体捕獲システム | 兵庫 | 無人でシカを捕獲できるシステムの開発 |
| 21 | セルロースナノファイバー強化ゴム | 兵庫 | 新繊維を用いた靴の製品化 |
| 22 | じゃばら果皮粉末 | 和歌山 | じゃばら（柑橘類の一種）の効能を維持した粉末化技術の開発 |
| 23 | 排水（汚泥）処理技術 | 和歌山 | 小規模事業者でも導入可能な排水処理設備の開発 |
| 24 | 徳島大学・食事基準（デンシエット） | 徳島 | 大学・企業で共同開発したエネルギー（カロリー）密度に関する基準の作成 |
| 25 | 希少糖 | 香川 | 希少糖の他分野での用途開発 |
| 26 | 伯州綿 | 鳥取 | 伝統的な和綿の一種「白州綿」を活用した商品開発 |
| 27 | 調湿木炭 | 島根 | 廃木材をリサイクルして製造した調湿木炭の開発 |
| 28 | 転倒予防くつ下 | 広島 | あぜ編み技術を用いた靴下の共同開発 |
| 29 | スマ養殖 | 愛媛 | スマの完全養殖の実現 |
| 30 | コスメティック構想 | 佐賀 | 国際的なコスメ関連の産業集積を目指す |
| 31 | 水素精製・分離装置 | 大分 | 低コスト省スペースの水素製造装置の開発，実用化 |
| 32 | 新シルク蚕業構想 | 熊本 | 大量・高品質の繭を安定供給するためのボット導入，ICT活用の検討 |
| 33 | べにふうき | 鹿児島 | 茶品種「べにふうき」を用いた機能性表示食品の開発 |

出所：総務省行政評価局（2020）「産学官連携による地域活性化に関する実態調査　結果報告書」。

した。現在同社は約 3,000 尾の養殖を行っており，生産したトラフグは地元温泉地を中心に販売している。そのほか，町内の酒造メーカー等との連携によって関連商品を開発したうえに，2015 年にはふるさと納税の返礼品にも加えられ，地域活性化にも貢献するものとなっている。

　「⑧農業用ロボット（イチゴ収穫ロボット）」は，「産」がアイ・イート株式会社・株式会社リバネス他，「官」が栃木県，「学」が宇都宮大学である。イチゴ農家は高齢化，後継者不足，人手不足といった課題を抱えている。そのため，それら農家の負担を減らすべく，この産学官連携事業によって，自律移動型イチゴ摘みロボットを開発した。第 3 世代機は 2016 年に「第 7 回ロボット大賞」において文部科学大臣賞を受賞するなどの評価を受けている。

　「㉓排水（汚泥）処理技術」は，「産」がオーヤパイル株式会社とエコ和歌山株式会社，「官」が和歌山県，「学」が和歌山県工業技術センターである。多くの企業は，工場の排水処理対策として「微生物を用いた排水処理」を導入している。しかし，この方法では，処理の過程で発生する余剰汚泥を産業廃棄物として処分する必要があり，その処理費用や排水処理設備の設置場所の確保等が企業，特に小規模事業者にとって大きな負担となっている。この課題の解決を目的として産学の共同研究が行われ，その結果として汚泥の発生を抑制させることに成功し，特許を取得するまでに至った。この技術は，2014 年に大阪科学技術センター主催で行われた「第 3 回ネイチャー・インダストリー・アワード」にて，技術開発委員会賞を受賞している。

　「㉜新シルク蚕業構想」は，「産」が株式会社あつまるホールディングス，株式会社あつまる山鹿シルク，「官」が熊本県，熊本県産業技術センター，山鹿市，「学」が熊本大学である。山鹿市では，これまで養蚕業が盛んでそれが地域経済を牽引していたものの，中国を始めとする新興国からの安価な生糸や絹製品の輸入増大や生産農家の高齢化などの事情から衰退し，養蚕農家数は，最盛期は熊本県内に 7 万戸であったものが，2020 年 4 月時点で県内 3 戸，市内 2 戸まで激減している。このような状況において，求人サイト運営を主に行っている会社であった株式会社あつまるホールディングスは，2014 年に養蚕事業に参入した。年間 24 回の収繭を可能にする「周年無菌養蚕システム」を用いた世界最大規模の養蚕工場を建設し（従来の伝統的な養蚕法は，年に 3 回程度

しか繭の生産ができなかった），事業を展開している。同社は，このプロジェクトによって，蚕の産業利用における用途を拡大し，蚕による地域創生の新たな取り組みを加速化・支援することを目指している[13]。

　このように，資源が限られる中小企業単体では難しい事業を官や学との連携によって実現させ，地域活性化や地域創生へと結びつける取り組みが各地でみられるようになっている。

（鳥居　陽介）

### 注

1　総務省統計局ホームページ（https://www.stat.go.jp/data/topics/topi1191.html，2021 年 2 月 17 日アクセス）。
2　国土交通省編（2015），22 ページ。
3　中小企業庁編（2015），357 ページ。
4　「中小企業憲章」（https://www.chusho.meti.go.jp/hourei/download/kensho.pdf，2020 年 10 月 15 日アクセス），1 ページ。
5　公益社団法人中小企業研究センター（2013），3 ページ。
6　同上論文，4-7 ページ。
7　文部科学省ホームページ（https://www.mext.go.jp/a_menu/shinkou/sangaku/sangakuc/sangakuc10_1.htm，2021 年 2 月 18 日アクセス）。
8　経済産業省ホームページ（https://www.meti.go.jp/policy/innovation_corp/sangakukeifu.html，2021 年 2 月 18 日アクセス）。
9　文部科学省ホームページ（https://www.mext.go.jp/b_menu/shingi/gijyutu/gijyutu8/toushin/attach/1332039.htm，2021 年 2 月 17 日アクセス）。
10　総務省行政評価局（2020），4 ページ。
11　同上報告書，29-32 ページ。
12　事例の詳細は，同上報告書を参照。
13　株式会社あつまるホールディングスプレスリリース（https://www.atsumaru.jp/etc/press/20171010.html，2021 年 2 月 21 日アクセス）。

### 参考文献

公益社団法人中小企業研究センター（2013）「中小企業の産学連携の実態～地域一体型の「面的」な産学連携の取組」（https://www.chukiken.or.jp/study/report/127.pdf，2021 年 1 月 18 日アクセス）。
国土交通省編（2015）『国土交通白書　2015』日経印刷。
総務省行政評価局（2020）「産学官連携による地域活性化に関する実態調査　結果報告書」（https://www.soumu.go.jp/main_content/000706404.pdf，2020 年 12 月 16 日アクセス）。
中小企業庁編（2015）『中小企業白書　2015 年版』。
東京商工会議所モノづくり推進委員会（2005）「中堅・中小製造業における産学連携の取組状況に関するアンケート調査結果」（https://www.tokyo-cci.or.jp/file.jsp?id=26203，2020 年 12 月 16 日アクセス）。

# 第 8 章

# 新中小企業における雇用と新しい働き方

　本章では，本書の冒頭で述べられた新中小企業にふさわしい経営とはどんな
ものかについて，「雇用」すなわち人という観点からの考察を行う。

　企業規模に関わらず，企業経営に共通の経営資源としてはヒト・モノ・カネ
および情報があげられる。この中で，無形資産としての人の役割の重要性につ
いては，だれもが認めるところであろう。多忙な経営者は，マーケット，営
業，資金繰りなどに日々の関心がいってしまい，ともすれば，人の問題につい
てのプライオリティが低くなる傾向はないだろうか。どんな企業でも，製品
やサービス，儲けの仕組みを考案し，製造し販売し，管理するのは，ほかなら
ぬ人である。健全な経営のためには，事業性や財務面での関心を持つのみなら
ず，組織面，すなわちそれを動かす人の雇用という面にも，関心を持ち続ける
ことが重要なのである。エネルギーや鉱物資源の乏しい日本が，国際競争に耐
え抜き，地域社会またグローバル社会で生き残るには，技術や頭脳といった人
的資源で勝負する以外にないのである。

　本章の前半では，中小企業において雇用に関する最大の課題の1つとしての
人材確保・定着について，後半では，中小企業としての時代の変化に応じた，
新しい働き方について触れることとしたい。

## 1. 中小企業を取り巻く人手不足の現状

　わが国の総人口は2040年には1億1,092万人，2065年には8,808万人にま
で減少すると見込まれており，生産年齢（15歳から64歳）人口は2040年に
は5,978万人，2065年には4,529万人にまで減少すると見込まれている[1]（図

図表 8-1　年齢3区分別人口の推移

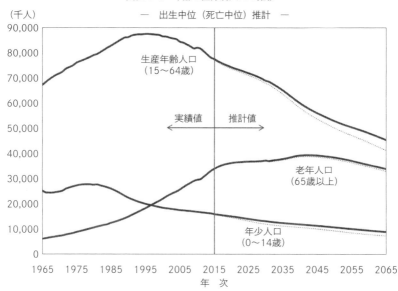

注：破線は前回中位推計。
出所：国立社会保障・人口問題研究所 HP より。

表 8-1 参照）。

　生産年齢人口の大幅な減少傾向というわが国の構造的な要因により，人手不足は今後も深刻化すると思われる。わが国全体の有効求人倍率は，リーマンショック以来 10 年ほど上昇の一途をたどっていたが，2020 年 7－9 月期の有効求人倍率は 1.05 と，ピーク時だった 2019 年 1－3 月期の 1.63 に比べ，0.58 ポイント低下した[2]。これは，コロナ禍による世界的需要の落ち込みに大きく起因すると考えられる。しかし，After Corona を見越した場合，中長期的にみると，引き続き人手不足基調は続くものとみられる。その一番の理由はやはりわが国の，少子高齢化による生産年齢人口の減少ということがあげられる。

　人手不足は，企業の倒産件数にも影響を及ぼしている。「令和元年（2019年）版労働経済白書」によると，企業の倒産件数は 2009 年以降減少が続いている。しかし，人手不足関連倒産件数は 2017 年から 2018 年にかけて増加しており，また，要因別でみると，「後継者難」型が大半を占める中，「求人難」型等の倒産件数も増加している。同白書には，短観における雇用人員判断 D.I. に

もとづいた次のような分析がある。

　「全規模・全産業の推移をみると，人手不足感は趨勢的に高まっており，直近の2019年3月調査の値は1990年代初頭のバブル期に次ぐ水準の高さとなる中，特に，非製造業の中小企業において人手不足感が高いことが示唆される」（2019年版労働経済白書，78ページより）。

　新規学卒者の間では依然として大企業志向が強い傾向もあり，中小企業の人手不足は今後も深刻化・常態化していくだろう。

## ２．人材確保への対応

　人手不足のもとでの，人材確保のためには，基本的なことであるが，いかに自社に必要とされる優秀な人材を確実に採用できるか，およびその人材をいかに育成し，定着させるかということが最重要課題となる。以下，採用と人材育成の観点からの考察を行う。

### ⑴　採用に当たって
### ①　人材要件の明確化
　新しく人を募集する場合，まずなすべきことは，どんなことができる人が欲しいのか，その人材要件を明確に定義することである。自社の強み・弱みを客観的に分析し，ある事業を成功させるにはどんなSpecの人材が必要なのか，妥協することなく絞りこむことが大切である。応募者を増やすのみの目的で，人材要件を必要以上に幅の広いものにすることは，採用後のミスマッチにつながるため，避けなければならない。
　人材要件が明確になったら，求人票や募集要項には，どのような仕事をどんな場所で，どのような仲間とするのかを，できるだけ求職者がイメージしやすいように具体的に記載する。応募者は，多数の求人情報からできるだけ仕事がイメージしやすい求人案件を選ぶのである。

②　採用ルートの選択

　採用ルートとしては，様々なものがあるが，最近では，Indeed などネット系の人材募集サイトがまず挙げられる。ハローワークも公的機関として最近その有用性が注目されている。ハイテク人材，高度人材などは，求職，求人側ともあまりハローワークには期待していない現実があるが，退職し，雇用保険の給付を受けるためには，例外なく求職者としての登録が必要であり，実際は，隠れた優秀な人材がいる可能性がある。ハローワークを活用する場合も，求人票の書き方を工夫し，人材要件を明確にするとともに，自社を強くアピールしなければならない。求人票は，2020 年 1 月より新様式へ変更されている。

　このほか，伝統的な言葉では縁故採用といわれてきたが，最近ではリファーラル採用と呼ばれる方法も成功事例が多く，注目されている。また場合によっては，紹介予定派遣，人材紹介エージェントといった有料のサービスも有効であろう。

③　インターンシップの活用

　日本でもインターンシップは，就職活動をする学生にとって，定番のものとなりつつある。企業にとっても，インターン生の受入れは，通常の面接より，人柄や職業への適性まで見ることができ，就職活動中の学生と身近に接することができる数少ない機会である。また，長期インターンでは，有償になることが多いが，人的リソースの確保という意味もある。インターンシップは企業側と学生の相互理解が図れ，採用時のミスマッチや内定辞退を減らすことにもつながるので，中小企業でもぜひ活用したい。

④　ダイバーシティ採用

　ダイバーシティとは多様性を意味する。すなわち，従来の典型的な日本的働き方として挙げられてきた，男性・フルタイム・正社員・総合職，メンバーシップ型採用といった固定的なタイプには当てはまらない多様な人材に，中核的戦力として活躍してもらうという狙いがある。社会が多様化しているのに合わせ，働き方も多様なパターンの者を受け入れなければならないのである。

　ダイバーシティ採用の類型としては，a. 男性のみでなく女性の活用，b. フ

ルタイム社員のみでなく短時間正社員，c.副業・兼業の許可，d.健常者に限らず障害者・療養中の就労，e.定年を過ぎた高齢者の活用，f.雇用にこだわらないフリーランス（業務委託社員）の活用，g.日本人に限らず外国人の採用など，多様なものがあげられる。最近では，通勤のないリモートワーカーの採用なども挙げられよう。ダイバーシティ採用については，紙面の関係ですべてを語れないので，ここでは外国人の採用について，その留意点などを述べることとする。

⑤　外国人材の受入れについて

　ⅰ．外国人雇用についての法的規制のクリア

　わが国では，外国人は，入管法（出入国管理及び難民認定法）で定められている在留資格により，日本国内で行うことのできる活動と期間が定められている。これらの在留資格の中で，「日本人の配偶者」など身分に基づいて就労が許される資格以外で就労ができる資格は限られている。また「専門的・技術的分野」で就労可能なものの代表格としては，「技術・人文知識・国際業務」「企業内転勤」の2つがある。

　一方，技能系の資格としては，「技能」，「技能実習」および新たに設けられた「特定技能」がある。それぞれの資格により，取得要件，従事できる業務が限定されているので詳細は，厚生労働省のサイト[3]などを参照されたい。

　ⅱ．人材マネージメント面での留意点

　外国人を雇用する場合，在留資格などの規制のクリアだけでなく，日本と外国の文化・習慣の違いを意識することが必要であることも念頭に置きたい。また，外国人の持つキャリア観についても，日本人と同様，長期雇用を前提に考えて，長期的に人材育成をし，長期的決済という視点で報酬体系を適用させようとすると，ミスマッチが起こることがある。まずは，「外国人の持つキャリア観は多様である」ということを認識していなければならない。

(2)　**育成・定着について**

　採用活動というものは，縁とか出会いという要素がからみ，ある意味で手探りの活動になりうる。採用には少なからぬ時間的・金銭的なコストもかかる。

せっかく採用した社員を育成し，定着させていかないと，いつまでたっても採用コストが減らないことになる。定着率や離職率が改善されなければ，人手不足は緩和されないのである。

### ⑶　定着率の向上のためのエンゲージメントとは

人材育成はともすれば能力面での育成のみが重視されてきた。しかし，いかに素晴らしい能力を持ったものでも，その能力を100%組織のために発揮できるかは別問題である。氷山の一角という言葉があるが，人の能力は，表面に現れない部分の方が大きいといわれている。組織においては，いかに人の持つ能力の最大限を引き出せるかが勝負となってくる。

意識面での人材育成で最近注目されているキーワードに「エンゲージメント」というものがある。これは，企業が目指す姿や方向性を，従業員が理解・共感し，その達成に向けて自発的に貢献しようという意識を持っていることを指す。言い換えれば，組織の目指すゴールに対する「自発的貢献意欲」を意味する。まずは，企業や組織は，強い Vision や Mission を持ち，従業員はそれに向かって意欲を示しているという状態である。ただやみくもにモチベーションだけが上がっている状態ではなく，その意欲が企業組織の目指す方向性とエンゲージしていなくてはならないのである。

## 3．中小企業と新しい働き方

現在，わが国は，働き方改革という大きな潮流の中にある。中小企業も例外ではない。メンバーシップ型採用，職務無限定，フルタイム男性正社員，長時間労働といった従来の固定的な働き方のパターンを見直し，多様性を重視した新しい働き方を志向しようという流れである。働き方改革の目的は究極的には，人間らしい働き方の追求である。国が規制しているからではなく，人を大切にする経営という視点に立ち，その企業なりに改革を進めていけば，必ず生産性も上がり，業績も向上する。言い換えれば，新中小企業として成功するには，人間らしい働き方を目指していくことが必須となるのである。以下，働き方改革関連法制の概要を見てみよう。

## (1)　時間外労働の上限規制

　大企業では 2019 年 4 月 1 日から，中小企業では 2020 年 4 月 1 日から，時間外労働の上限について，月 45 時間，年 360 時間を原則とし，臨時的な特別の事情がある場合でも，年 720 時間，単月で 100 時間未満（休日労働含む），複数月平均 80 時間（休日労働含む）を限度に設定することが義務づけられた。

　このような，昨年から始まった労働時間の規制は，これまで行政指導のみで法規制とされていなかった 36 協定の限度時間を，罰則付きの労基法の規制として強制化した画期的な政策である。これまで長い間伝統的に続いていた長時間労働の削減という問題を，国として初めてハードロー（Hard Law）の形で解決の一助にしようという政策である。

　長時間労働は，従業員の健康にとって悪影響を及ぼすものであることは言うまでもない。昨今，健康経営ということがよく言われているが，これは，従業員の健康管理を経営的な視点で考え，戦略的に実践する経営手法である。すなわち，従業員の健康増進や労働衛生等への取り組みにかかる支出を，「コスト」ではなく「投資」として前向きに捉えるという考え方である。大企業の例であるが，アメリカのジョンソン・エンド・ジョンソンという会社の事例では，グループ全体で，健康経営への投資 1 ドルに対し，リターンが 3 ドルになったという調査結果[4]がある。

　そのほか，働き方改革関連法による規制には次のようなものがあり，中小企業では一部の規定の施行が大企業よりも遅くなっている。

## (2)　年 5 日の年次有給休暇の確実な取得

　大企業・中小企業ともに，2019 年 4 月 1 日から，法定の年次有給休暇付与日数が 10 日以上のすべての労働者について，使用者が，毎年 5 日の年次有給休暇を確実に取得させることが義務づけられた。

## (3)　同一労働同一賃金──雇用形態にかかわらない公正な待遇の確保──

　2020 年 4 月 1 日から，同一企業内において，正規雇用労働者と非正規雇用労働者（パートタイム労働者・有期雇用労働者・派遣労働者）との間で，基本給や賞与などのあらゆる待遇について，不合理な待遇差が禁止された（中小企

業における適用は 2021 年 4 月 1 日）。海外では，同一労働同一賃金というと，男女間の待遇格差を指すことが多いが，このように正規・非正規労働者の格差をなくすというのが日本型同一労働同一賃金の狙いである。格差をなくすには，正規社員の賃金に非正規社員の賃金を近づけるか，正規社員の賃金を引き下げるか以外の方法はない。しかし，後者の方法が非現実的なのは明らかであろう。このことから，正社員の賃金に非正規社員の賃金を近づけるには，全体の労働分配率を上げる必要があるため，生産性の向上が必須であるといえよう。

### ⑷　割増賃金率の引き上げ

　大企業ではすでに施行されているが，中小企業でも，2023 年の 4 月 1 日から，適用猶予措置が廃止され，月 60 時間を超える時間外労働について，割増賃金率を 50％以上とすることが義務づけられる。

### ⑸　中小企業での残業について

　残業の発生原因としては，ビジネスプロセスそのものの複雑さ，製品・サービススペックの多様性，高いサービスレベルでの熾烈な競争，顧客対応のきめ細かさ，外部委託の未発達，例外処理の多さ，個人より集団の重視，一人ひとりの業務範囲のあいまいさなど，数え上げればきりがない。無限定正社員という言葉に見られるように，業務範囲が明確でないので，できる社員はさらに仕事を探してそれをやってしまうという傾向がある。業務同士の境界もあいまいなので，すり合わせに要するコストも大きい。業務範囲（Job Description）が明確に定められている外国では，このような問題は発生しない。

### ⑹　残業削減に向けて

　残業は，業務量の変動，トラブル対応，納期の切迫など通常仕事をしていくうえで，避けることはできないものである。特に発展成長過程にあるベンチャー企業では，ある時期やむを得ないことかもしれない。基本的に，企業は競争社会を生き抜かねばならず，ほかの会社よりたくさん働いた会社が競争に勝てるという考え方は，ある意味で正しいであろう。問題はその「程度」であ

り，恒常的に残業が続くと，健康面で悪影響をもたらすことも多い。36協定の限度時間をはるかに超えた，また1カ月に80時間を超えるような残業は，心身に変調をきたす。職場で起こるうつ病の原因の多くは，極端な長時間労働であるといわれている。

　昨今，ワークライフバランスということが盛んにいわれている。仕事と生活を両方とも楽しむためには，極端に多い残業はやはり問題である。家族がいる場合は，家族との時間も大切にしたいものである。

　労働集約産業においては，労働生産性の高さがその企業の重要な経営指標となる。労働生産性という言葉は，良い印象を与えない場合がある。ともすれば，効率のみを追求する働き方による労働者へのしわ寄せというイメージを持たれる方も多いかもしれない。しかし，労働生産性を高めることは，特に中小企業経営にとっては必須の課題となる。大切なことは，生産性が向上した分，その成果を働くものに還元するということであろう。その成果は，経営者や株

**図表8-2　日米の産業別生産性（1時間当たり付加価値）と付加価値シェア（2017年）**

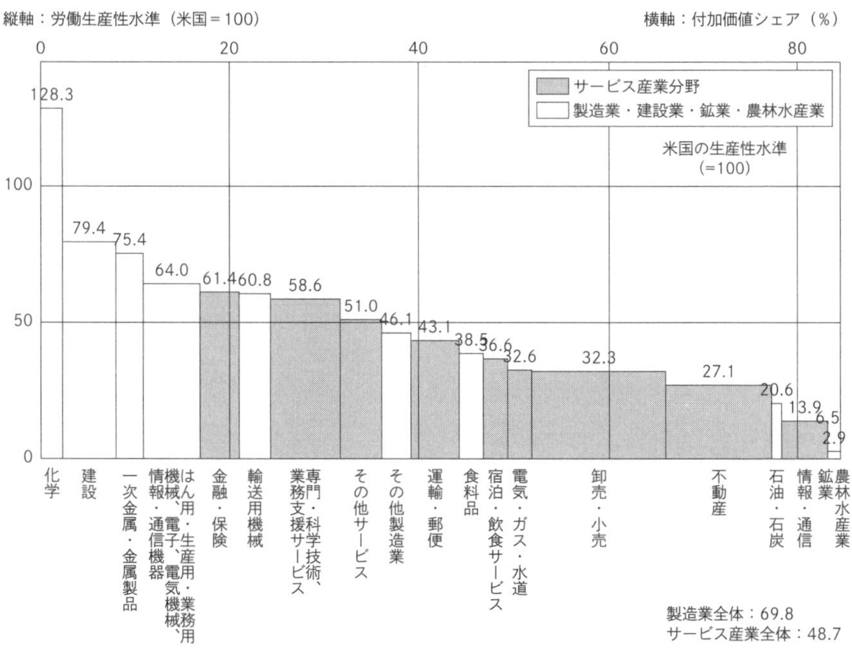

縦軸：労働生産性水準（米国＝100）　　　　　　　　　　　　横軸：付加価値シェア（%）

製造業全体：69.8
サービス産業全体：48.7

出所：日本生産性本部HPより。

主のみに還元されるべきものではない。賃金の増加，福利厚生の充実，長時間労働の是正，生活水準の向上，ワークライフバランスの向上など，すべては労働生産性の向上なくしてはあり得ないのである。国際的にみると，図表8-2に見るように米国との比較であるが，わが国の場合，特に第3次産業の生産性が低いことがあげられる。

　以上，残業の発生原因の観点から考察してみたが，長い間に培われた慣習は短時間では解消しない。そこでハードロー（Hard Law）的な政策も必要になったのである。

## 4．パンデミック後の働き方
### ──テレワークの普及と地方にとっての追い風──

　テレワークのメリットは，いうまでもなく，場所的・距離的な制限を取り払い，物理的な移動のコストを極限まで低減できるということである。以前より新しい働き方の1パターンとして提唱はされてきたが，2020年のパンデミックによって，企業としていやおうなしに採用せざるを得ない状況が発生している。テレワークにフレックスタイム制が併用されると，働くことに対する場所的制約だけでなく，時間的制約もなくなってくる。

　テレワークの1つの形態に，サテライトオフィスがある。地方創生，また本書の主題の1つである中小企業の地域での発展が叫ばれて久しいが，この地方創生の重要な契機としてサテライトオフィスの普及が考えられる。サテライトオフィスは，その設置場所としては，都市型，郊外型，地域型があげられる。また，自社やそのグループが専用の施設として設置するもの，および，複数の企業や個人でも利用できる共用型オフィスがある。メリットとしては，通勤時間や移動時間の短縮，子育てと仕事の両立の実現による未就業者の活用，ワークライフバランスの向上などがあげられる。

　オランダやフィンランドなど，ヨーロッパの一部の国では，働くものに，いわゆる在宅勤務権が認められていて，年に一定回数の在宅勤務を権利として要求できる[5]。ドイツでもこの権利を法制化することが検討されている。日本では，日本HPなど，法制化はされていないが，フレックスタイム制ならぬ，フ

レックスプレース制を認めている企業がある6。フレックスプレース制とは，働く場所を，会社や自宅に限らず，一定の範囲で自由に選べる制度をいうものである。

　また，ワーケーションという言葉を耳にする機会も多くなった。これは，workation，すなわち仕事（work）と休暇（vacation）を組み合わせた新造語で，リゾート地などに滞在し，休暇と仕事を両立させるという試みである。労働者にとっては，長期休暇の取りやすさ，リフレッシュ，家族サービスなど，また会社にとっては，福利厚生，休暇の取得促進，滞在先にとってはビジネスの拡大など，全体としてのメリットが大きい。ワーケーションは日本では，少し前にJALが自社向けに始めたといわれているが，まだまだ中小企業への普及は進んでいないようだ。JALではワーケーションに特化したパッケージツアーなども販売している。年次有給休暇の取得率が国際的にみても相当低いといわれる日本では，その解消に向けた制度として期待が持たれている。ワーケーションについては，その形態は様々であるが，業務を基軸にするか休暇を基軸にするかで，大きく分類ができる。

　ただ，テレワーク一般についての課題として，労働時間の管理，ルールの整備，費用の負担，情報セキュリティ，健康管理，労災事故対応，不完全なコミュニケーションによるOJTの難しさ等，様々なものがあげられる。そのため，会社として，働くうえでのルールやコミュニケーションの取り方，業績評価の仕方をしっかりと決めておく必要がある。

　サテライトオフィスやワーケーションといった取り組みは，現在の東京一極集中構造の解消にも役立つものである。東京には，全国の企業の本社機能，政治経済・文化の拠点が集中し，地方の衰退が叫ばれて久しい。ネットワークによる通信機能や，デジタルトランスフォーメーション（DX）が進展すれば，東京1カ所にこれらの拠点が集中する必要はなくなるのである。

　今回のパンデミックは，こうした本社機能，政治経済・文化の拠点の分散化の1つの契機となるに違いない。

（倉田　哲郎）

## 注

1　国立社会保障・人口問題研究所「日本の将来推計人口」(http://www.ipss.go.jp/pp-zenkoku/j/zenkoku2017/pp29_gaiyou.pdf，2020 年 2 月 20 日アクセス)。
2　独立行政法人労働政策研究・研修機構「統計情報」(https://www.jil.go.jp/kokunai/statistics/timeseries/xls/g0214.xls，2020 年 2 月 20 日アクセス)。
3　厚生労働省東京労働局「外国人の雇用に関する Q&A」(https://jsite.mhlw.go.jp/tokyo-roudoukyoku/content/contents/000470633.pdf，2020 年 2 月 20 日アクセス)。
4　ジョンソン・エンド・ジョンソン日本法人グループ HP (https://www.jnj.co.jp/media-center/press-releases/20180221，2020 年 2 月 20 日アクセス)。
5　"Working from home in the Netherlands: the complete guide"(https://dutchreview.com/expat/work/working-from-home-netherlands/，2021 年 2 月 20 日アクセス)
6　日本 HP「フレックスワークプレース」(https://www8.hp.com/jp/ja/jobsathp/work_life.html，2021 年 2 月 20 日アクセス)。

## 参考文献

島津明人（2014）『ワーク・エンゲイジメント』労働調査会。
厚生労働省「労働経済白書　令和元年版」(https://www.mhlw.go.jp/wp/hakusyo/roudou/19/dl/19-1.pdf，2021 年 2 月 20 日アクセス)。
中小企業庁「中小企業白書　2020 年版」(https://www.chusho.meti.go.jp/pamflet/hakusyo/2020/PDF/2020_pdf_mokujityuu.htm)。
日本生産性本部生産性総合研究センター「産業別労働生産性水準の国際比較」(https://www.jpc-net.jp/research/assets/pdf/10bad8fb307149202fee4c4be50b5f9d_1.pdf)。
JAL HP「ワーケーション」(https://www.jal.co.jp/domtour/jaldp/workation_journey/index.html，2021 年 2 月 20 日アクセス)。
厚生労働省 HP「「働き方改革」の実現に向けて」(https://www.mhlw.go.jp/stf/seisakunitsuite/bunya/0000148322.html，2021 年 2 月 20 日アクセス)。
厚生労働省 HP「働き方改革 特設サイト　支援のご案内」(https://www.mhlw.go.jp/hatarakikata/)。

# 第 9 章

# 中小企業に対する地域金融機関の今後の役割

## 1. 新型コロナウイルスによる
## 地域金融機関および中小企業への影響

　新型コロナウイルス感染症の収束そして終焉が見えないなか，企業の生命線を揺るがす事態が生じている。中小企業・零細企業に関しては，行政からの要請もあり，地方銀行を中心とする金融機関が迅速な融資支援の制度を実施したため，倒産件数が予想を超えるものではなかったとの評価を耳にしたが，当初から打撃を受けている飲食業，アパレル業，そして宿泊業は現時点においても経営悪化が続いていることは周知の通りである。

　小規模企業ばかりではなく大企業においても倒産を余儀なくされ幕を閉じた老舗も存在する。大手アパレルメーカーであるレナウンも破産に追いこまれたのは記憶に新しい。東京商工リサーチによると（2020年11月時点），全国倒産件数は，2020年7月から11月にかけて前年比を下回っていると発表しているものの，楽観視してはならない状態であることに変わりはない。現に，新型コロナウイルス関連での倒産・破綻が2020年の終わりが近づくにつれ，増加傾向が見られるようになった（図表9-1参照）。しかしながら，2020年の倒産件数は，過去4番目に少ないという結果を導き出している。他方，ここ数年，新型コロナウイルスに関連しない休廃業および解散により幕を閉じる中小企業が増加している。この背景には，これまで問題視されていた経営者の高齢化および後継者難が潜んでいる。

　さらに新型コロナウイルス感染者の拡大により，大きく打撃を受けた特定の業種もある。例えば，航空業界は世界的にも多大な影響を受けた。減便や出航

停止を受けるなか，手元資金の枯渇問題を抱えることになり，これを打破するために，多くの航空会社は，社債や株式の発行，銀行融資に依存せざるを得なくなっていった。また，政府による公的資金を投じることになった世界的にも有名な航空会社もある。

　このような環境が続くなか，家計の行動にも大きな変化がもたらされることになった。日本銀行統計局による『資金循環統計（速報）2020年第3四半期（2020年12月21日発表）』のデータを見ると，家計における「現金・預金」の保有比率が上昇し続けている。また驚くことに，現金での保有が増えているため，「タンス預金」という懐かしい言葉が飛びかうことになった。この「現金・預金」の増加は，家計ばかりではなく，企業にも共通するデータも併せて報告された。もちろん，「給付金」などを活用せず，問題が生じた際の手元資金として保有しているのであろう。

　そこで，金融機関の預金残高および貸出残高を見ると，全体的に預金残高が拡大しているものの貸出残高は横ばいが続いている。さらに，メガバンク（都市銀行）と地方銀行にも貸出残高の差が生じている。メガバンクでは，預金残高が拡大しているものの，貸出残高が横ばいの状況が続いている。他方，地方銀行は貸出残高が預金残高を下回っているものの，右肩上がりで上昇している。前述したが，この背景には，中小企業への融資支援の政策によることが起因していると考えられる。

　新型コロナウイルス禍におけるなか，実質無利子，無担保などという柔軟な融資制度が提供され，中小企業は，倒産という最悪な事態そして困難な時代を

図表 9-1　休廃業・解散および倒産件数の推移

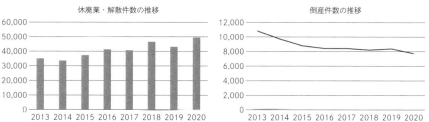

出所：東京商工リサーチホームページ「2020 年『休廃業・解散企業』動向調査」（https://www.tsr-net.co.jp/news/analysis/20210118_01.html，2021 年 2 月 20 日アクセス）により作成。

乗り越えるうえで，さらに，地域金融機関の役割は重要なものになってきている[1]。もちろん，地域金融機関が多数存在するといわれている時代でもあり，再編が進んでいる地域もある。しかしながら，地域金融機関は地元経済を支える中小企業を支援することが，今は最優先ではないかと考えられる。

## 2．中小企業を支援する地域金融機関の役割とは何か

　従来から，地域金融機関は，地元中小企業に対し，融資額に見合う担保を要求するとともに，信用保証協会からの保証により融資を実行していた。中小企業が返済不能に陥った際には，担保による資金回収，そして，信用保証協会によって100％の保証が付与されていたことから，地域金融機関は円滑な融資を実現してきた。しかしながら，現在，責任共有制度のもとで，信用保証協会が80％，金融機関が20％の保証が義務づけられている。この制度が設けられてから，信用保証協会に依存していた金融機関は，これまで以上の厳格な融資審査が要求されるようになった。つまり，責任共有制度が創設された背景には，融資前のモニタリングそして融資後のスクーリングが適格に行われていなかったことも意味しているのではないか。

　さらに2003年には，リレーションシップバンキングの機能を強化するという目的で，金融審議会による報告書が提出された。その際，リレーションシップバンキングについて「金融機関が顧客との間で親密な関係を長く維持することにより顧客に関する情報を蓄積し，この情報を基に貸出し等の金融サービスの提供を行うことで展開するビジネスモデル」[2]と定義づけられていた。あたかも新しいビジネスモデルとして位置づけられているが，果たしてそうなのかと疑問を持つ面もある。その理由として，地域金融機関だからこそ，従来から顧客との親密な関係や情報の蓄積が構築されていたのではないかと考えられる。では，このようなリレーションシップバンキングという概念を，どのように新しく捉えたら良いのであろうか。

　新田（2020）は，地域金融機関の存在意義とは，地域の持続的な繁栄と主張したうえで，持続可能な地域社会のための地元金融機関，そして中小企業を守ることを訴えている[3]。このことは，新型コロナウイルス禍での融資制度のな

か，中小企業を支援する主力となる重要な存在意義が明確になると同時に，「金融排除」という論争にも改めてメスを入れることになっていくのではないかと推測される。ただし，これまで通りの貸出業務に集中しているだけでは，やはり排除の対象になるであろう。

　橋本（2018）は，地域金融機関のビジネスモデルについて，「課題解決型銀行」と「規模追求型銀行」の 2 極化する傾向がみられると指摘している[4]。課題解決型銀行とは，「未来を見据え，地元企業の成長に積極的に関与することで資金需要を作り出そうと，営業戦略の転換と改革を進める金融機関」そして規模追求型銀行とは，「果てしない低金利による融資の肩替わり競争で規模拡大に邁進する金融機関」と定義づけている。

　2020 年の新型コロナウイルス禍のなかで，資金繰りの支援だけではなく，本業そのものの支援を重視している地方銀行も台頭している[5]。

　これまでの規模追求型の業務だけでは，中小企業を支援し，地元経済を支援する効果が希薄化することになるのではないか。新田（2020）が主張する「地域の持続的は繁栄」「持続可能な地域社会」を念頭に置くのであれば，いまや，課題解決型銀行が求められることになるであろう。新田氏は，地域に根付いた第一勧業信用組合（新宿区四谷：本店）の会長であることから，共同組織金融機関は，単に収益を上げると言うことを最優先するのではなく，地元への還元および地元への投資を重要視していることを主張している[6]。この考えからも理解できるように，貸出業務だけを推進するのではなく，地元中小企業そして事業者一人ひとりと向き合い，地元経済を支えていく意気込みが伝わるものになっている。つまり，課題解決型地域金融機関が，今後，主流となっていくのではないかという希望が持たれる。

　橋本（2018）は，オーバーバンキングに関して，「日本の過剰感（オーバー）とは金融機関の数ではない。正確に言えば『金融排除を前提とした同じビジネスモデルの金融機関の数』の過剰」[7]ということを指摘している。しかしながら，地域金融機関が取り組む当初からのリレーションシップバンキングの取り組みのなかでは，親密な関係を築き，経営者から得られた情報を基に融資をするビジネスモデルであった。このような取り組みだけの強化を考えると，同じようなビジネスモデルでのサービスの提供になるであろう。だが，その役割し

かなかったのではないかとも推測される。

　以上から，これまで金融機関は横並びの行動であり，それが同じビジネスモデルで邁進し，顧客獲得競争，有価証券運用などを行い，低い収益に依存してきたと言っても過言ではない。もちろん，すでに，新たなチャレンジに向けての行動が始まっている地方金融機関も存在する。

　今後は，「課題解決型」による差別化された業務を実施しないことには，地域金融機関としての存在意義も危うくなっていくのではないかと考えられる。本業である貸出業務では，収益を獲得することができない時代，新たなビジネスモデルを各金融機関が生み出していくことにより，予期せぬ危機にも耐えられる，中小企業から頼られる金融機関へと変貌するであろう。

## 3．地域金融機関の姿

　地域金融機関は，貸出業務のほか，中小企業，地元経済を支援する役割を担っているにも関わらず，本業以外での業務を強化したこともあり，ここ最近の地方銀行の状況をみると，2018 年上半期には，半数以上が赤字という結果が報道された。新しい顧客の獲得ができないことから貸出業務の不調，そして有価証券への投資の失敗により損失を被ったことなどが挙げられた。地方銀行によっては，有価証券の投資のあり方には相違があるが，2000 年代半ば以降，地方債の保有比率を伸ばしている銀行も存在した[8]。そのため，預貸率および預証率にも変化が見られるようになった。つまり，預証率が預貸率を上回る状況が発生したのである。

　『日本経済新聞』（2020 年 6 月 23 日朝刊）では，新型コロナウイルス禍による給付金により，2020 年 5 月，預貸率が 63.7％と過去最低になったと報告している。そこで，自己資本比率を維持もしくは強化するために，負債でありながらも，一部を資本として認める劣後債の発行に踏み切っている地方銀行もあらわれるようになってきている。銀行は，預金残高が向上したものの，銀行にとっては負債であるため，自己資本比率が悪化することになる。そのため，財務基盤を強化するためにも劣後債を発行するという事態に陥っている。

　預貸率が低迷するなか，新型コロナウイルス症の影響を受け，2020 年春以

降，貸出残高が拡大しているという報道があるが，上場している地方銀行の純利益（2020 年 4 月～12 月期）を見ると，ここ数年，減少の一途を辿っている[9]。また同時期，上場している地方銀行の与信費用，1 割増加という結果が発表されたが，地域によっては，それ以上の費用が計上されている[10]。例えば，中国地方の地方銀行では与信費用が 3 割も増大することが明らかになった[11]。

　このように，予期せぬ与信費用を抱えているなか，地域金融機関もまた，経営改善を迫られている，もしくは取り組まなければならない事態を迎えている。この状況を受け，2020 年 8 月に施行された改正金融機能強化法によって，健全性を確保する手段が生まれることになった。さらに，同年 11 月には地方銀行の合併や統合に関して独占禁止法から除外する合併特例法が施行された。今日，政府および日本銀行は，地方銀行の再編を促進するための対策を施している。

　2000 年代半ば以降，地方銀行の積極的に統合が行われている。県を超えての統合も行われ，今もなお展開されようとしている。さらに，地方銀行ばかりではなく，信用金庫の統合も大きく報じられるようになった。今後も，地域金融機関の統合が進むと考えられるが，規模拡大そして利益獲得を追求するのではなく，地域の繁栄を願い，取引先の本業を後押ししながら，経営改善をともに考えていくのも地域金融機関の役割である。そのために，地域金融機関は，地元密着の姿勢を維持しながら，中小企業の支援をし続ける必要がある。

## 4．今後の地域金融機関のあり方

　前節で，地域金融機関は，本業に力を入れながら，地元を支援することを述べたが，現在では，それだけでは，収益を上げることができない時代にきている。では，地域金融機関の役割として，何が必要になっていくのか。それは，付加価値がついたサービスである。

　後継者の不在により，中小企業の存続が問題視されている。この状況のなか，廃業を余儀なくされた中小企業もあるであろう。貸出業務が金融機関の役割であるが，このような企業を支援するためにも，マッチング業務を強化する

必要がある。これに関しては，以前から指摘されると同時に，地域金融機関が取り組んできたことである。

　新型コロナウイルス禍のなか，企業の業績にも変化が生じていることは周知の通りである。地域金融機関は，この状況の中で迅速な融資を実行しているが，業績が悪化することにより，1991年のバブル崩壊による不良債権問題に発展するのではないかと懸念を抱くところである。

　中小企業のなかでも，IPO（Initial Public Offering：新規株式公開）を検討しているところもあるだろう。IPOを実行するにせよ，株主の意向を考える必要性が生じてくる。現在，特に機関投資家による投資の姿勢も変化しつつある。地域金融機関や機関投資家は，ESG（環境：Environment，社会：Social，ガバナンス：Governance）を考慮しながら融資や投資をしなければならない。これまで，環境を配慮した企業の債券の発行や融資が展開されていたが，現在では社会貢献を念頭に置いた債券発行も拡大している。これらの投資活動は，その効果について，目に見えない数値での評価となる。企業では，それらの情報を公開した「統合報告書」を発表している。また，PwCジャパングループでは，ESGに取り組むことによるコストに関する影響についてのサービスを提供することが報告された。このように，数値で評価できる財務情報ばかりではなく，非財務情報をも念頭に，企業はESGに取り組むと同時に，地域金融機関および投資家もその取り組みをいかに評価するかが重要な事項になっている。

　ウィズコロナ，ポストコロナで，中小企業の経営環境も大いに変貌するものと考えられる。資金繰りが円滑にいくような融資支援も提供されているが，企業は財務状況が厳しい中，非財務情報によっても評価される時代がきている。目に見える明確な評価ではないため，地域金融機関および投資家にとっても，融資や投資を展開するうえで困難な状況に遭遇しているのではないかといえるであろう。従来，数値で評価できる経営指標を用いた投資であったが，今後は，環境，社会，ガバナンスに関する中小企業の行動や目標達成度を重視しながら，対話を重視し，融資や投資をしなければならない。

　変貌していく投資状況のなか，中小企業が成長し続けるためにも，このようなESGについて指導をする役割を担うのも，地域金融機関の役割でもある。

本業以外の付加価値のあるサービスを提供するためにも，地域金融機関における問題解決型を実現する人材の育成にも力を入れるべきであろう。もちろん，経済環境や地域によって，ESG を受け入れる地域金融機関にも温度差がある。そのような観点から，地域活性化のためにも，今後の地域金融機関の姿が変貌するものと考えられる。

（森谷　智子）

## 注

1　「融資上限額は 4,000 万円とされ，融資期間は 10 年以内でそのうち元本返済が不要な据置期間は最長 5 年である。融資について信用保証協会による保証料は減免され，さらに民間金融機関に対して都道府県等が利子補給を行うことにより，当初 3 年間，事業者が負担する金利は実施的に任免される」（金本 2020, 2 ページ）。このような融資方法であるが，貸出を受けた時には，困難な状況から回避されたとしても，経営状況が悪化する場合もある。そのため，1991 年に生じたバブル崩壊により，金融機関は，再度，不良債権を抱えることになるのではないかとも指摘できるであろう。だからこそ，金融機関は，取引先に対して的確な融資審査を行うとともに，その後の財務状況の把握をしながら，最悪なことにならないよう支援しなければならない。

2　濱田（2005），8 ページ。

3　新田（2020），2-3 ページ。

4　橋本（2018），14 ページ。

5　『日本経済新聞』2020 年 11 月 19 日，地方経済面参照。

6　新田（2020），43 ページ。

7　橋本（2018），17 ページ。

8　代田（2010）は，メガバンク（都市銀行）のポートフォリオでは，地方債保有は低迷したものの，地方銀行ではその保有率を拡大させていることを指摘していた(186 ページ参照)。また，地域によっては，地方債について公募債での発行がないことから縁故債での引き受けとなるとも主張している(187 ページ参照)。このことから，地方債の保有率を高めている地方銀行は，一括引受けでの保有が多かったものとも考えられると同時に，グローバルな金融危機そしてリーマンショックが重なると同時に，地方財政も厳しい時期ということもあり，地方債発行額が拡大し，運用難でもあった地方銀行の投資商品としても需要が高かったと推測できる。

9　『日本経済新聞』2020 年 12 月 19 日朝刊および 2021 年 2 月 13 日朝刊参照。

10　同上。

11　『日本経済新聞』2020 年 12 月 19 日朝刊。

## 参考文献

EY トランザクション・アドバイザリー・サービス株式会社（2020）「新型コロナウィルス感染症が地方銀行に与える影響」4 月 27 日（https://www.eyjapan.jp/covid-19/pdf/covid-19-vol18-regional-banks.pdf，2021 年 2 月 10 日アクセス）。

金本悠希（2020）「コロナ禍における地域銀行の経営課題」『大和総研レポート』12 月 24 日。

幸田博人（2019）「地域金融機関の新しい役割と挑戦～社会課題解決に向けた取組みの意味～」『月刊資本市場』12 月，No. 412。

代田純編著（2010）「金融危機と地域金融機関」『金融危機と証券市場の再生』同文舘。

新田信行・多胡秀人（2020）『リレーションシップ・バンキングの未来―ポストコロナ時代の地域金融』

　　一般社団法人金融財政事情研究会。

橋本卓典 (2018)「二極化する地域金融, その未来『課題解決型銀行』と『金融排除型銀行』」『産学連携学』
　　Vol. 14, No. 1。

濱田隆徳 (2005)「地域金融機関の現状と課題―地域における共存・共栄モデルは可能か―」『資本市
　　場クォータリー』Winter。

福永雅文 (2020)『小が大に勝つ逆転経営　社長のランチェスター戦略』日本経営合理化協会出版局。

宮野谷篤 (2020)「地域金融機関のビジネスモデルを考える〜リレーションシップ・バ
ンキングの再定義」『金融ジャーナル』10月。

金融審議会金融分科会第2部会 (2003)「リレーションシップの機能強化にむけて」(金融庁ホームペー
　　ジ, https://www.fsa.go.jp/news/newsj/14/singi/f-20030327-1.pdf, 2021年2月15日アクセス)。

# 第 10 章

# 中小企業と地域金融機関の新しい関係

## 1. 地域金融機関の経営統合

### ⑴ 地域金融機関の特性

　戦後復興期に整備された金融制度は，民間金融機関の役割分担を明確化した。具体的には，都市銀行（メガバンク）は大都市に本店を置いて全国的に営業基盤を拡充し大企業向けに短期資金（運転資金）を供給する。信託銀行は，主に長期資金（設備投資，技術開発資金）を供給する銀行。そして地方銀行は全国各都道府県に本店を置き，行政区域内に営業基盤を拡充して地域の中小企業に事業資金を供給する。さらに自治体の指定金融機関として受託業務を担っている。

　また中小企業専門金融機関として相互銀行（現在は「第二地方銀行」という），信用金庫，信用組合が設立された。これらの金融機関は営業範囲や融資額を規制され，地域の中小・零細企業への資金供給を担っている。信用金庫・信用組合は協同組合組織の形態を維持し，上部組織に信金中央金庫・全国信用組合連合会を創設して緊密な業務連携を締結している。なお，地方銀行・第二地方銀行・信用金庫・信用組合を総称して地域金融機関と呼んでいる。

　これら地域金融機関の基本的役割・特性は金融制度の創設以来ほとんど変わっていない。基本的役割とは，①地域経済に対する役割，②地方公共団体に対する役割，③地元生活者に対する役割の３つである。この役割を経営理念には，「地域経済の成長，地域社会の発展，地域住民の生活向上に積極的に貢献すること」と掲げている。しかし経営理念を具現化するためには，地方自治体，経済界，地域社会と深く関わり地域産業の振興，地域社会の発展に積極的

に取り組める経営体制が必要である。最近は地域金融機関に対して地元企業とのリレーションシップが希薄化，地域経済活性化への貢献度について疑問視する声が聞かれる。

## (2)　金融機関の経営統合

　こうした専業化・分業化した金融制度は，経済の高度成長期には有効に機能していた。しかし90年代以降金融の自由化，経済のグローバル化が進み，ICT（Information and Communication Technology：情報通信技術）の急速な進展に伴う経済環境の変化に適応できなくなった。そのため98年に日本版金融ビッグバン（金融制度の抜本的改革）が実施され，金融業への障壁が崩れた。その後は他産業からの新規参入が急速に増加した。こうした金融環境の変化は，都市銀行に総合金融サービス業へ戦略転換を迫り，証券・信託・保険会社とグループ化を促した。具体的には，都市銀行と信託銀行が経営統合して，三大メガバンク+1（みずほFG，三井住友FG，三菱UFJFG＋りそなHG）に再編した。

　都市銀行の再編は，バブル崩壊によって抱えた多額の不良債権を早期に処理し，グローバル競争に対抗できる強固な財務基盤を構築する手段でもあった。その具体的方法は金融持ち株会社を設立し，その傘下に銀行・証券・信託・保険会社を組み入れる業態別子会社方式を採用し，金融グループを組織した。な

図表 10-1　金融機関の数と店舗数

| | 2000/3 | 2010/3 | 2019/3 | 00/3～19/3の増減数 | 店舗数 | | |
| --- | --- | --- | --- | --- | --- | --- | --- |
| | | | | | 2009/3 | 2019/3 | 09/3～19/3の増減数 |
| 都市銀行 | 8 | 4 | 4 | △ 4 | 2,939 | 2,383 | △ 556 |
| 地方銀行 | 64 | 63 | 64 | 0 | 7,407 | 7,504 | 97 |
| 第二地銀 | 60 | 42 | 40 | △ 20 | 3,240 | 2,939 | △ 301 |
| 信用金庫 | 386 | 272 | 259 | △ 127 | 7,601 | 7,225 | △ 376 |
| 信用組合 | 291 | 158 | 146 | △ 145 | 1,776 | 1,621 | △ 155 |
| JA 農協 | 1,618 | 754 | 653 | △ 965 | 9,173 | 7,670 | △ 1,503 |
| ゆうちょ | 1 | 1 | 1 | 0 | 24,086 | 23,944 | △ 142 |

出所：金融庁の HP から作成。

お金融持ち株会社の設立は，98 年の改正独占禁止法の施行によって可能となった。

　一方，地域金融機関も 04 年に金融機能強化法が施行されて以降，合併・統合が進められてきた。図表 10-1 のように，第二地方銀行は 20 行，信用金庫は 127 金庫，信用組合は 145 組合が減少している。ところが地方銀行の数は変わっていない。また農業協同組合（JA バンク）も 965 組合が消滅し，約 4 割に集約されている。

　地域金融機関は，法的支援によって合併・統合を促されてきた。経営環境の変化に対応して財務基盤の健全化を目的に業務・資本提携し，生き残りをかけた経営統合の事例が多い（図表 10-2 参照）。具体的には，最初に金融持ち株会

図表 10-2　地方銀行の経営統合

| 年 | 持ち株会社 | 本店所在地 | 統合銀行① | 統合銀行② | 主導銀行 |
|---|---|---|---|---|---|
| 2001 | 札幌北洋 HD | 北海道 | 北洋銀行 | 札幌銀行 | |
| 2004 | ほくほく FG | 富山県 | 北陸銀行 | 北海道銀行 | |
| 2005 | 山口 FG | 山口県 | 山口銀行 | もみじ HD | |
| 2006 | ふくおか FG | 福岡県 | 福岡銀行 | 熊本ファミリー銀行 | |
| 2007 | ふくおか FG | 福岡県 | ふくおか FG | 親和銀行 | |
| 2009 | フィデア HD | 宮城県 | 荘内銀行 | 北都銀行 | みずほ FG |
| 2009 | 池田泉州 HD | 大阪府 | 池田銀行 | 泉州銀行 | 三菱 UFJFG |
| 2010 | トモニ HD | 香川県 | 香川銀行 | 徳島銀行 | |
| 2013 | 紀陽 HD | 和歌山県 | 紀陽銀行 | 和歌山銀行 | |
| 2016 | めぶき FG | 茨城県 | 常陽銀行 | 足利 HD | 野村 HD |
| 2016 | コンコルディア FG | 神奈川県 | 横浜銀行 | 東日本銀行 | |
| 2016 | 東京 TYFG | 東京都 | 東京フィナンシャル FG | 新銀行東京 | |
| 2016 | 西日本フィナンシャル HD | 福岡県 | 西日本シティ銀行 | 長崎銀行 | |
| 2017 | 福岡 FG | 福岡県 | ふくおか FG | 十八銀行 | |
| 2018 | 第四北越 FG | 新潟県 | 第四銀行 | 北越銀行 | |
| 2019 | 三十三 FG | 三重県 | 三重銀行 | 第三銀行 | |

出所：各金融機関の HP から作成。

社を設立して，その傘下に参入して経営理念を統一化して資本・業務提携を締結する。その後数年間で情報システムの統合，店舗の統廃合，業務マニュアルの共通化，人材の交流などを段階的に進めて合併・統合を実現している。

　地方銀行と第二地方銀行との再編は，統合から合併するまでに2段階を経て実現している。その理由は，異なった社歴・企業文化の組織を融合させることが難しいからである。地方銀行の大半が明治初期に設立され，地方自治体と緊密な関係を維持してきたこと，地域産業の振興に貢献して地域経済社会の中核的存在として伝統と実績を積み上げてきたプライドがある。一方，第二地方銀行は戦後復興期に相互扶助が理念である無尽会社を改組して中小企業専門金融機関として位置づけられた比較的歴史の浅い銀行である。両行の間には，社歴，社風，経営基盤，資金量，行員の意識などの格差が大きいと思われる。

## 2．地域金融環境の変化

### ⑴　地区別預金・貸金の動向

　ここでは地区別に金融機関の預金・貸金残高の推移をみることで地域間の大まかな資金の動向を見てみよう。

　図表10-3は，地区別の預金・貸金残高の動向を表したものである。国内銀行勘定の預貯金残高は，2019年3月末に1,261兆3,207億円である。14年3月末は1,108兆6,130億円であるので，この5年間で152兆7,077億円増加（伸び率は13.8％）している。さらに，09年3月末の残高は1,000兆6,289億円であるので，10年前と比較すると260兆6,918億円増加（伸び率は26.1％）している。

　まず地区別に預金の過去5年間の増加率をみると，14年3月末には東北地区が25.5％，関東が11.6％，九州・沖縄は10.9％である。東北地区が高い水準であるのは，11年の東日本大震災，東京電力福島第一原子力発電所の爆発事故に伴う災害復興資金，補助金・助成金などの給付による影響である。また九州・沖縄地区でも度重なる地震・台風・水害などの被災に伴う保険金，公共工事資金などが還流した結果である。ところが，19年3月末の東北地区の増加率は4.7％で全国平均の約3分の1に低下している。これは震災以降の人口

図表 10-3　地区別の預金・貸金の動向（過去 5 年間の増加率）　　　（％）

| 地　　区 | 預　　金 | | | 貸　　金 | | |
|---|---|---|---|---|---|---|
| | 2019/3 | 2014/3 | 増　　減 | 2019/3 | 2014/3 | 増　　減 |
| 北海道 | 9.7 | 8.4 | 1.3 | 8.6 | 0.8 | 7.8 |
| 東北 | 4.7 | 25.5 | △ 20.8 | 14.5 | 7.9 | 6.6 |
| 関東 | 11.7 | 11.6 | 0.1 | 16.9 | 2.0 | 14.9 |
| 甲信越 | 7.9 | 6.1 | 1.8 | 6.0 | △ 2.1 | 8.1 |
| 北陸 | 9.0 | 7.5 | 1.5 | 8.8 | △ 1.3 | 10.1 |
| 東海 | 12.0 | 9.4 | 2.6 | 10.4 | 3.8 | 6.6 |
| 近畿 | 11.6 | 8.5 | 3.1 | 7.9 | △ 1.3 | 9.2 |
| 中国 | 9.4 | 8.8 | 0.6 | 20.6 | 2.9 | 17.7 |
| 四国 | 6.9 | 8.6 | △ 1.7 | 10.8 | 1.2 | 9.6 |
| 九州・沖縄 | 11.5 | 10.9 | 0.6 | 19.9 | 9.8 | 10.1 |
| 全国平均 | 13.8 | 10.8 | 3.0 | 14.4 | 2.2 | 12.2 |

出所：『金融ジャーナル増刊号』（2014, 2019）から作成。

流出，湾岸・鉄道の復興工事，住宅建築が進んで支払金額が増加したためである。一方，関東・東海・近畿・九州沖縄地区は 11％超の増加率であった。これは 13 年以降，政府がデフレ経済の脱却を目的に大胆な財政・金融政策を推進し，経済の活性化と雇用の改善が進んだ成果である。

　一方，全国銀行の貸金残高は，19 年 3 月末は 624 兆 2,445 億円である。14 年 3 月末の残高は 545 兆 4,832 億円であるので，この 5 年間で 78 兆 7,613 億円増加（伸び率は 14.4％）した。さらに 09 年 3 月末（残高は 533 兆 5,734 億円）と比較すると，この 10 年間では，90 兆 6,711 億円の増加（17.0％）している。主な増加要因は，20 年開催予定の東京オリンピック・パラリンピック競技場の建設，都心部の開発，インバウンド政策の推進による観光地の開発・整備，宿泊施設の増改築など建設・不動産業の好況が景気を支えてきたことによる。

　さらに地区別貸金残高の動向をみると，14 年 3 月末は甲信越，北陸，近畿の残高が減少したのに対して東北は 7.9％，九州・沖縄は 9.8％の増加率である。これは景気低迷下でも復興工事や個人住宅の建築が始動した結果である。また，19 年末は全国すべての地区で高い増加率を示した。特に中国地区は 20.6％，九州・沖縄は 19.9％，関東は 16.9％，東北は 14.5％，四国は 10.8％な

ど，二桁の増加率である。なお，14年末は08年に発生した世界金融危機の影
響で輸出産業の減産，設備投資の停滞による資金需要の縮小，大震災や集中豪
雨の復興工事がまだ本格稼働していなかったが，19年3月末には政府の財政
政策，金融緩和政策によって前述した国家プロジェクトが本格稼働し，デフレ
から脱却できた状態まで景気が回復したからである。

　さらに図表10-4で預金・貸金残高の地区別シェアの動向を見てみよう。19
年3月末の預金残高シェアは，関東44.2%，近畿が16.3%，東海は11.5%で
ある，この3地区で全国の7割超（72.0%）を占めており，三大都市圏に集中
していることが分かる。なお，この期間にシェアが拡大したのは関東地区だけ
であり，全国の資金が首都圏に一局集中している。

　貸金残高シェアも関東地区が51.3%，近畿が13.7%，東海が9.4%で，三
大都市圏で全国の約4分の3（74.4%）を占めている。この状態から関東地区
は，預金シェアよりも貸金シェアが大きく上回っていることが分かる。なお，
この5年間では北海道，甲信越，北陸，近畿地区のシェアは縮小しているのに
対して関東，東海，中国，九州・沖縄地区では拡大している。資金面でも地方
から主要都市への流出が進んでおり，また地区間のシェア格差の拡大が進んで

図表10-4　地区別の預金・貸金シェアの動向　　　　　　　（%）

| 地区 | 預金 | | | 貸金 | | |
|---|---|---|---|---|---|---|
| | 2019/3 期 | 2014/3 期 | 増減 | 2019/3 期 | 2014/3 期 | 増減 |
| 北海道 | 2.9 | 3.0 | △0.1 | 2.5 | 2.6 | △0.1 |
| 東北 | 4.9 | 5.4 | △0.5 | 4.3 | 4.3 | 0 |
| 関東 | 44.2 | 42.3 | 1.9 | 51.3 | 49.4 | 1.9 |
| 甲信越 | 3.3 | 3.5 | △0.2 | 2.4 | 2.8 | △0.4 |
| 北陸 | 2.1 | 2.3 | △0.2 | 1.8 | 1.9 | △0.1 |
| 東海 | 11.5 | 11.6 | △0.1 | 9.4 | 9.2 | 0.2 |
| 近畿 | 16.3 | 16.6 | △0.3 | 13.7 | 16.6 | △2.9 |
| 中国 | 4.8 | 5.0 | △0.2 | 4.5 | 4.1 | 0.4 |
| 四国 | 2.8 | 2.9 | △0.1 | 2.3 | 2.3 | 0 |
| 九州・沖縄 | 7.2 | 7.4 | △0.2 | 7.8 | 6.8 | 1.0 |
| 全国 | 100 | 100 | | 100 | 100 | |

　出所：『金融ジャーナル増刊号』（2014, 2019）から作成。

いる。

## ⑶　地区別預貸率の変化

　図表 10-5 で地区別に預貸率の変化を見てみよう。この預貸率は銀行預金の
うち貸金で運用している割合を表している。したがって地区別の預貸率は，預
金・貸金の増減，資金需要の動向が分かる。例えば銀行預金は増加したが貸金
は低迷している場合は預貸率が下がるが，上昇すれば地元での貸金が増加した
と考えられる。

　預貸率の全国平均は 19 年 3 月末が 49.5％，14 年 3 月末は 49.2％である。
この 5 年間に 0.3 上昇したが，09 年末は 53.3％であるので，10 年間でみると
3.8％低下している。この期間は全国的に資金需要が低迷していることが分か
る。なお，20 年 3 月末において預貸率が 70％以下の地方銀行は 15 行，第二地
方銀行は 5 行である。これらの銀行の大半は地区別預貸率シェアが低下した地
区に集中している。

　なお，地区別にみると，この 5 年間（14−19）で中国（4.3％），九州・沖縄
（3.8％），東北（3.6％），四国（1.4％）の 4 地区では預貸率が上昇しているが，
他の地区は僅少であるが低下している。また 14 年と 09 年を比較すると 5 年間

図表 10-5　地域別預貸率の変化　　　　　　　　　（％）

| 地区 | 2019/3 | 2014/3 | 2009/3 | 増減 19−14 | 増減 14−09 | 増減 19−09 |
|---|---|---|---|---|---|---|
| 北海道 | 42.6 | 43.1 | 46.4 | △ 0.5 | △ 3.3 | △ 3.8 |
| 東北 | 42.6 | 39.0 | 45.3 | 3.6 | △ 6.3 | △ 2.7 |
| 関東 | 57.5 | 58.4 | 63.9 | △ 0.9 | △ 5.5 | △ 6.4 |
| 甲信越 | 35.9 | 36.5 | 39.5 | △ 0.6 | △ 3.0 | △ 3.6 |
| 北陸 | 41.0 | 41.1 | 44.7 | △ 0.1 | △ 3.6 | △ 3.7 |
| 東海 | 40.4 | 41.0 | 43.2 | △ 0.6 | △ 2.2 | △ 2.8 |
| 近畿 | 41.8 | 43.2 | 47.4 | △ 1.4 | △ 4.2 | △ 5.6 |
| 中国 | 46.7 | 42.4 | 44.8 | 4.3 | △ 2.4 | 1.9 |
| 四国 | 42.0 | 40.6 | 43.5 | 1.4 | △ 2.9 | △ 1.5 |
| 九州・沖縄 | 53.3 | 49.5 | 50.0 | 3.8 | △ 0.5 | 3.3 |
| 全国平均 | 49.5 | 49.2 | 53.3 | 0.3 | △ 4.1 | △ 3.8 |

出所:『金融ジャーナル増刊号』（2014, 2019）から作成。

に全国平均は 4.1％低下している。この期間は日本銀行がゼロ金利政策と量的緩和政策を取ってきたが，大企業は内部留保の積上げに注力して有利子負債の増加を抑制してきたからである。地域金融機関は低金利による利ザヤの縮小と貸金の伸び悩みによる利息収入の減少で業績は悪化している。前述した地区別預貸金シェアの推移は，地域金融機関が余剰資金を国債・国内株式，外債など有価証券投資で運用していることの証左である。また資金需要が低迷する地区の銀行預金は首都圏に流出している実態を表している。

　しかし，地域金融機関の資金運用部には証券投資業務に習熟した人材が不足していること，市場リスク管理体制が確立していないことなどから投資リスク回避に失敗して多額の損失を被った銀行も出現している。特にリーマンショックで運用損失を被った銀行は，財務基盤を脆弱化させて厳しい経営状態に陥った。こうした事態解決のために統合・合併を図った事例は少なくない。

## 3．地域金融機関の経営課題

### ⑴　地域経済の活性化

　2015 年 1 月，政府は「地方創生総合戦略」を閣議決定した。この総合戦略は，地方経済活性化を目指した「地方創生政策」である。この地方創生政策は，以下の 6 項目を主柱に掲げている。

　①　地方への移住促進（企業移転，大都市からの U ターン，地方大学の活性化）

　②　雇用の創出（地域の活性化，人材育成，農業・観光・福祉など産業基盤の強化）

　③　子育て（結婚から子育てまで切れ目ない支援，多子世帯・3 世帯同居の支援）

　④　行政の集約化と拠点化（拠点都市に公共施設・サービスの集約・山間部支援）

　⑤　地域間連携の推進（拠点都市と近隣自治体との連携強化）

　⑥　税制上の優遇策（地方移転企業の法人税緩和措置，ふるさと納税の拡充）

　政府の地方創生総合戦略は，段階的に法制化され実施されているが，現状で
はふるさと納税，インバウンド政策，教育の無償化など実績評価できる政策は
限られている。20 年 9 月に誕生した菅政権は「自助・共助・公助」を掲げて
国民の主体的活動の推進を呼びかけているが，この地方創生総合戦略は継承し
ている。現状は新型コロナウイルス（Covid-19）感染防止対策に追われて政
策の実行は進捗していない。

　さらに政府は，15 年 9 月国連総会で採択された SDGs の達成に向けた具体
策や DX の推進に取り組んでいる。これらの政策は，産業と技術革新，新規事
業の開発を生み出す日本経済の活性化策として期待できる。政府は自治体，経
済団体・大学などとの連携事業を推進しているが，地域金融機関の機動力が発
揮されていない状態である。銀行経営者は，地域活性化政策に率先して取り組
む経営ビジョンを明確にする必要がある。地域金融機関が経営理念である「地
域密着・地域貢献・地域発展」を実現するために具体的な行動計画を公表すべ
きである。

　例えば，統合・合併で人材を削減するのではなく，優秀な人材を地域経済活
性化のために人材派遣制度を導入する。従来の融資営業を優先する活動ではな
く，経済団体や企業に行員を出向させて地域資源，伝統技術を事業化するため
の情報提供，ビジネスマッチング，教育支援など中小企業・起業家をサポート
する。また事業承継・後継者養成，管理職や人材不足の中小企業に管理者，若
手行員を派遣して第 3 創業，M&A，事業転換，取引先開拓支援などに取り組
むことが期待される。

　こうした経営支援活動が地元企業との親密な関係を構築し，リレーション
シップバンキング機能を強化できる。また出向・経営支援を経験した行員は視
野を拡げ，企業の目利き力，管理能力の向上も期待できる。SDGs の目標を設
定，達成のための具体策に参画すること，DX への取り組みは，地域金融機関
と地元企業に相乗効果を生み信頼関係を再構築できる好機である。

## ⑵　経営基盤の再構築

　わが国の銀行は「合併・統合」の歴史を歩んできた。戦前には，1896 年の
銀行合併法の施行，1930 年代の世界金融恐慌後の「一県一行主義」の採用な

どによる大規模な「合併・統合，破綻」を経験している。この半世紀の間に2回の合併・統合策で銀行数は4%弱に激減した歴史がある。欧米諸国においても銀行の合併・統合は景気変動，金融恐慌の時期に実施されてきた。現在は，バブル経済の崩壊以降，長引く景気低迷とデフレ経済から脱却するために，地方経済の活性化を優先した政策が推進されている。特に衰退した地方産業を再生するために，地域金融機関が強固な経営基盤を再構築しなければならない。金融機能強化法が，地域金融システムの健全性，安全性を確保するために地域金融機関の脆弱な財務基盤を健全化する後押しをしている。

　1970年代以降，半世紀の間に高速鉄道，高速道路が全国的に整備・拡充されて物流システムは大幅に高度化した。また90年代以降は通信機関の民営化・自由化と情報通信技術の進展によって，デジタル化が急速に発展して経済活動の生産性を向上させ，社会環境を変革してきた。最近では，デジタル化が新型コロナウイルス（Covid-19）禍においてリモートワークや生活スタイルの変化をもたらしている。すでに生活環境の改善を求めて地方に移住する人たちが増えている。地方自治体が経済団体，大学，金融機関と連携して首都圏からの移住者を積極的に受け入れている事例が報道されている。

　金融機関と消費者の間においてもインターネット取引，キャッシュレス化が進み，フィンテックの導入によって金融商品・サービスも多様化し利便性も向上している。ビジネス社会では，有価証券取引のペーパーレス化が進んで，電子債権取引システムが普及している。さらに商業手形のペーパーレス化が検討されている。金融機関のデジタル化は，ビジネス社会，個人生活者向けビジネスモデルの転換を進めている。

　金融機関が進めているデジタル化は，経済社会の環境変化をもたらし地域住民の生活を向上させるものでなければならない。しかし，金融のデジタル化は，多額の設備投資が必要である。脆弱な財務基盤を健全化できない金融機関には対応できない。全国的にDXを推進していくためには，地域金融機関が合併・統合して経営基盤を再構築する選択肢しか残されていないと確信している。

## ４．地域金融機関と中小企業の新しい関係
## 　（城北信用金庫の営業支援の事例）

　城北信用金庫の営業拠点は，東京都北部地域（足立区・荒川区・北区・豊島区・板橋区など）と埼玉県南部地域（川口市・戸田市・草加市・三郷市・八潮市など）であり，この地域に全営業店 82 店舗の約９割を展開させている。営業地域には機械部品，印刷・出版などの下請中小企業が集積しているが，市場の縮小や後継者不足などで事業者数は減少している。

　城北信用金庫は「地域住民の幸福」「地域企業の繁栄」「地域社会の発展」を経営理念とし，中期経営計画では「地域のプラットフォーマー」となることを目指して「圧倒的な人間力を持って地域や顧客との関係を再構築すること」を基本方針に掲げ，この基本方針に基づき，営業担当者と本部スタッフが連携して金融機能・非金融機能トータルでの価値を創造・提供していく営業活動に取り組んでいる。

　地域経済の状況や顧客企業の経営環境が変化していくなか，城北信用金庫では地域社会を活性化させていくために，本業（預金・貸金業務）以外でもっと貢献できることはないかを探求してきた。

　その過程において，まず自らの経営理念に立ち返り，伝統的な金融という固定観念から一歩脱却をすることを目指し，お客様との関係再構築を図り「より多くの方に」「ニーズにしっかりとマッチした形で」商品・サービスの提供に注力していく活動を展開している。

　具体的な取り組みとして城北信用金庫では，地域企業の魅力やアイディア情報を発信するウエブメディア「NACORD」を開設している。このサイトに自社商品を掲載するだけでなく経営者の想いも発信していくことで，プロモーションや売上増加に寄与する等，取引先企業との信頼関係を深めていくためのツールとしての一里塚である。

　この他にも，企業支援の取り組みとして，ソリューション事業部コミュニティサポートグループでは，クラウドファンディングの提案を行っている。クラウドファンディングは，「寄付型」「投資型」「購入型」の３つに大別される

が，城北信用金庫では購入型クラウドファンディングを提供している３社と提携し，取引先企業に適したクラウドファンディングの提案を行っている。

　例えば，葛飾区の紳士用ベルト製造業のＮ社では，売上高の９割が受注生産だったため，収益基盤拡充を目的に，新製品（皮革の特殊加工によって伸縮性を持たせたベルト）を自社開発した。城北信用金庫では販促効果に加えて宣伝効果も期待できるクラウドファンディングを使って新製品のテストマーケティングを行うことを提案し，Ｎ社に採用された。その結果，２カ月の募集期間に購入者112名，調達金額131万円の成果を上げることができた。

　その後，Ｎ社には大手百貨店や大手EC会社から引き合いが相次いでおり，現在では，皮革の端材を利用した新たな製品開発に取り組んでおり，事業が拡大している。

　このように営業担当者が地域企業の情報や課題を聞き取り，本部スタッフと協働して営業支援や課題解決に取り組んでいる城北信用金庫の営業支援は，地域金融機関と中小企業の新しい関係を構築している事例として注目される。

（伊藤　忠治）

**参考文献**
二村和之（1991）『銀行合併の論理』時潮社。
堀江康熙（2008）『地域金融機関の経営行動』勁草書房。
佐久間信夫・井上善博・伊藤忠治編著（2017）『地方創生のビジョンと戦略』創成社。
大矢野英次（2016）『アベノミクスと地方創生』創成社。
高橋克英（2019）『銀行ゼロ時代』朝日新聞出版。
浪川攻（2018）『銀行員はどう生きるか』講談社。
橋本卓典（2016）『捨てられる銀行』講談社。
『月刊金融ジャーナル・増刊号』（2010/2015/2020版）金融ジャーナル社。
『月刊金融ジャーナル』（2019/11，2020/1，2020/10号）。
金融庁ホームページ（2021.2.17）。

# 第 11 章

# 地域内サプライチェーンと地域企業
## ─佐藤長（青森県弘前市）を事例として─

## 1. はじめに

サプライチェーン（Supply Chain，以下 SC）とは，企業が提供する財・サービスを最終消費者に供給するために必要な各種機能（調達・開発・加工・卸売・小売等）を担う業者（供給業者・製造業者・卸売業者・小売業者）らの連続的な業務上のつながり（連鎖）のことを指す。「商品を顧客に届けるまでのプロセス」を管理することが近年重視されている背景には，効率化による最適な SC 構築が企業間の競争に有利かつ経済価値の向上に有用だとの認識がある。

かつての高度成長期からバブル経済期のわが国における SC の代表例といえば，大企業と中堅・下請企業との間の固定的な取引関係があげられる。しかしながら，各種財・サービス市場のグローバル化と技術革新が進行するにつれ，この企業間・業者間の取引範囲を国外にまで拡大させてその関係を流動化させるグローバルな SC の構築が広範に見られるようになった。

このグローバルな SC 構築の一大潮流に一石を投じたのが新型コロナウイルスの感染拡大である。2020 年 3 月以降，日本政府から外出自粛が要請されたことで国内間・国外へのヒトの移動とモノの移送・輸送が制限された結果，日本経済は停滞を余儀なくされた。この自粛要請は結果的に，電子商取引を除いた現実経済の特定産業および業種（例えば外食産業，旅行業等）の市場規模を縮小させるとともに，われわれを特定の居住圏内にとどめ置くことで活動範囲を縮小させ，人々の活動の場が分断される状況を招いた。

このような状況下で外食から中食への移行が進むなか，三密を避けるための大型ショッピングモールに営業自粛要請がなされたことによる，中小規模食品スーパーの業績伸長が報告されている。これら中小規模スーパーの中には，地域内 SC を部分的に活用している業者がおり，彼らは新型コロナウイルス感染拡大の影響をさほど受けていない。本章では「コロナに強い地域内 SC」を活用している企業として「株式会社スーパー佐藤長」を事例とし，「不易流行」を地で行く同社の理念・方針・成長戦略について紹介する。

## 2．地域内サプライチェーン活用の背景

　食品スーパーの SC を念頭に置く場合，その事業領域から川上へ向かって垂直的なアライアンスを図ることが一般的である。その際，都市部の大手食品スーパーならば，地域外の垂直的アライアンスが中心となろうが，地方の中小規模食品スーパーの場合は地域内・外への垂直的アライアンスを検討することになろう。

　図表11-1 は商品提供プロセスを簡潔に示したものだが，前提となる理念・ビジョンに基づいた商品企画・開発がなされ，それにかかわる資源（とりわけ，原材料や商品）の調達，生産・加工，宣伝・販売を通じて最終消費者たる顧客へ商品が提供されることになる。

　地方の中小規模食品スーパーの中には，消費者の嗜好がさほど反映されない日用品や食材等を地域外から調達することを主としつつも，地域内 SC を活用して地域色の強い食材等を調達している業者もいる。これは大手食品スーパーに対する商品差別化の典型的手法といえる。なお，地域内 SC を活用する他の背景としては，取引先企業との間にある情報非対称の軽減に伴う取引の円滑化，同一地域・文化に属する「よしみ」としての利害関係者間の相互扶助などがありそうだ。

　一般的に，この地域内 SC に参加するのは在来産業等に属する中小規模の原材料生産者・職人であり，彼らが地域内 SC の主要プレイヤーとなる。そして，中小規模の食品スーパーを念頭に置いた青森圏域の地域内 SC を想定する場合，食品スーパーに位置する事例企業が，次節で紹介する株式会社スーパー

図表 11-1　商品提供プロセスの概念図

佐藤長となる。

## 3．株式会社スーパー佐藤長の沿革と理念

### ⑴　沿革[1]

　株式会社スーパー佐藤長（以下，佐藤長）は 1897（明治 30）年 9 月に「佐藤商店」として創業された。1978（昭和 53）年に「スーパー佐藤長」に商号を変え，1984（昭和 59）年 2 月に株式会社形態に変更された後もなお成長を続ける，創業から 100 年を優に超える老舗企業である。佐藤長は 2000 年までは 9 店舗ほどの規模であったが，2020 年 12 月時点で青森圏域に 29 店舗，2019（平成 31）年 3 月に設立された「株式会社魚三水産」の傘下に 10 テナントを構え，さらに共配・プロセス・キッチン等の 4 つのセンターを稼働させている（図表 11-2 参照）。

　なお，佐藤長は青森圏域において「さとちょう」という呼称が定着しており，老舗の地域企業としての認知度の高さがうかがわれる。

図表 11-2　佐藤長の沿革

| 1897 年 | 佐藤商店（現　松森町店）として創業 |
|---|---|
| 1978 年 | 佐藤長に改称，松森町店開店 |
| 1984 年 | 株式会社　スーパー佐藤長設立 |
| 2001 年 | 「チルド共配センター」稼働 |
| 2003 年 | 「セントラルキッチンセンター」稼働 |
| 2005 年 | 「ドライ共配センター」稼働 |
| 2017 年 | 「佐藤長プロセスセンター」稼働 |
| 2019 年 | 「株式会社魚三」設立 |

注：新規開店・テナント入店等の情報は省略。
出所：佐藤長 HP。

## (2)　経営理念[2]

　佐藤長は次にあげる 3 つの責任を目標に掲げ社会貢献の目標としている。

## ①　商品に対する責任

　すべての商品に対して責任を持ち，それに付帯する付加価値やサービスを通じ事業活動を展開し，品質保証責任と商品の供給責任を果たすのは勿論「顧客に満足を」「内には革新を」「外には格差力を」創出する企業づくりに専念する。

## ②　取引先に対する責任

　商品取引先，金融，建設関係など，すべての取引先と堅い信頼関係を結ぶ共存共栄が，わが社の「モットー」である。

## ③　雇用に関する責任

　当社は雇用を通じて広く社会経済の発展に奉仕していく先駆者である。給与所得が個人消費を増大させ，また納税で国や地方財政への中核的貢献をする。このことは「共同，共栄」の理念で，全従業員の豊かさの促進と，企業の発展と社会への奉仕の一致を目指すことを宣言するものである。

　以上の内容は，コア事業における顧客満足の向上を通じた競争優位の構築，取引先企業との共存共栄，さらに従業員満足を向上させることで企業を発展させ，これが地域経済への貢献につながることを説くものであり，シンプルかつ理にかなった内容・構成となっている。

## (3)　「お客様への三つのお約束」[3]

　佐藤長は同社の HP 上で「お客様への三つのお約束」を掲げているが，第 1 の約束は「商品を通じての地域貢献」，第 2 の約束は「店舗運営を通じての地域貢献」，第 3 の約束は「地域や行政のイベントを通じての地域貢献」となっている（図表11-3 参照）。

　第 1 の約束は，「モノ」志向の戦略論あるいはマーケティング論的な内容と

図表11-3　お客様への「三つのお約束」の概要

| 1 | 商品を通じての地域貢献 | ①地産地消コーナー<br>②笑顔になる品質商品提案<br>③笑顔になる調理サービスやライブ感のある商品提案<br>④当社のオリジナル商品<br>⑤健康志向商品を通じて笑顔を創出する<br>⑥地域や時代に即した簡便性・中食食材の最適化<br>⑦試供品コーナーを新設し，お客様の声を反映させる |
|---|---|---|
| 2 | 店舗運営を通じての地域貢献 | ①笑顔あふれる接客<br>②笑顔になるクリンリネス<br>③タイムリーな商品提案（メルマガ，FB，HP等）<br>④子供たちの笑顔のためにクリーン・リサイクル・エコ戦略<br>⑤インフォメーション・サービスの充実<br>⑥お年寄りに寄り添うサービスを充実<br>⑦レジ打ち間違いやレジ待ち時間の短縮 |
| 3 | 地域行政のイベントを通じての地域貢献 | ①レシートキャンペーン<br>②地域イベントに積極的に参画<br>③地域情報をタイムリーに発信する<br>④地域のクリーンイベントや店外クリーン活動の展開<br>⑤地域雇用の促進<br>⑥地域行政との連帯による，福祉サービス等の促進 |

注：出所の表記を若干変更し，文章・語句を割愛して作成。
出所：佐藤長HP。

なっており，事業の運営方針として「地産地消」，顧客に顔を向けた製品開発方針として「健康」が示されるなど，高齢化社会に適合させた「顧客ニーズと健康」重視の姿勢が鮮明に打ち出されている。

　第2の約束は「ヒト」重視の接客に関わる内容となっており，第3の約束には地域行政との連携を重視する姿勢が示されている。とりわけ第3の約束は地域雇用の促進，行政との連帯による福祉サービスの充実を謳うなど，少子高齢化対策等，地域の社会経済的課題解決に向けて取り組む姿勢が確認できる。

## 4．佐藤長の成長戦略および商品販売の特徴

### (1)　佐藤長の「事業および企業としての特徴」

　日本金融政策公庫総合研究所（2015）は「強い地場スーパー」へのインタビューを通じ，これらスーパーの特徴を7個のキーワードで示している[4]。

表 11-4　7個のキーワードでみた佐藤長の特徴

| キーワード | 佐藤長の特徴 |
| --- | --- |
| ① 鮮度と品質 | 鮮度・品質に見合った価格での商品提供 |
| ② 安心と健康 | 健康志向（短命県返上）の総菜を提供 |
| ③ 対話と信頼 | 笑顔の接客に基づいた顧客－従業員の対話による小売ビジネスの維持・円滑化 |
| ④ こだわり商品 | 地域の伝統的な食文化に根差した商品の提供 |
| ⑤ 相互利益 | 仕入れルートの堅持を念頭に置く仕入先との共存共栄 |
| ⑥ 地域とともに | 地域行政との連携に基づくイベント推進 |
| ⑦ 人づくり | 地域雇用の促進 |

出所：佐藤長 HP，日本政策金融公庫研究所（2015）25-32 ページを参考に作成。

　そのキーワードに対応する佐藤長の特徴を示したものが図表 11-4 である。上表に示される特徴の多くが同社の HP に記載される内容にもなっている。

　なお同研究所は，強い中小地場スーパーのポジショニングを「大都市圏ニッチ型」・「地方都市圏ニッチ型」・「地方都市圏ドミナント型」に分類した上で，佐藤長を「地方都市圏ドミナント型」に属するものとしている[5]。「地方都市圏ドミナント型」とは，地方都市に立地して商圏の住民すべてをターゲットとし，彼らの日々の購買ニーズを充足するタイプの企業のことであり，その傾向的特徴として「特定地域への集中出店，規模に対し比較的多い店舗数・高い新規出店意向，狭い 1 店舗当たり商圏」が指摘されている[6]。

　大手スーパーとの競合が避けられない地方都市の中小スーパーがサバイブするためには，その都市を構成するコミュニティにコミットすることが不可欠となる。それゆえ，比較的狭い地域に小規模店舗を集中出店し，店舗－コミュニティ間の結びつきを強化し，地域効用を促進することで，人的交流を基礎とする小売ビジネス確立という手法が長きに渡り採られてきたものと推察される。

　人的交流だけで小売ビジネスは成立しないため，地域の食文化に根差した食材・総菜の提供で他社との商品差別化を図ると同時に，地域住民全体を消費者層とするなかで相対的高齢者層をターゲット顧客と見なすことも必要となる[7]。顧客ニーズに合致した商品提供が他店との差異を認識させ，人的交流を促すことでコミュニティの囲い込みにつながる。不特定多数を対象とする郊外型の大規模店舗と真逆の手法を採っている点については大いに注目すべきである。

## (2)　成長戦略

　佐藤長は青森圏域の津軽地方を中心に積極的な出店を実施している。日本金融公庫総合研究所（2015）の調査に基づく同社の出店（市場開拓）戦略は次のようなものである[8]。

　佐藤長では，これまでに他社が撤退・廃業した食品スーパー店舗を立て直しており，その数は 2015 年当時の全店舗数 20 店舗の 9 割に当たる 18 店舗に及ぶ。他社の不採算店舗を，全店黒字化させた佐藤長の成功の秘訣は以下の通りである[9]。

① 不採算店舗立て直しの成否についてデータを用いて精査・判断している点

② 不採算店舗の従業員を継続雇用し，固定客の散逸を防ぐとともに，彼らが保有している情報（商品ノウハウ・顧客ニーズ・店舗の課題）を活用している点

　この調査によると，不採算店舗の多くは魅力不足というよりも設備投資による借入金返済のために資金繰りが苦しくなり，それが仕入れ商品の品質低下・売上減少につながるという悪循環に陥っていたことが指摘されている[10]。よって外部環境に問題がなく，資金繰りの問題を改善し市場規模にあったサイズで店舗運営を行えば業績改善の可能性は高くなる。

　このように佐藤長はヒトづくりや差異化されたモノづくりだけでなく，外部環境の状況を見据えた投資決定に関わる資金繰り改善という「カネの問題解決」に秀でた企業でもある[11]。

## (3)　広告宣伝・販売に見る特徴

　佐藤長は従業員から顧客ニーズや店舗の直面する課題をリサーチしてそれを店舗運営に生かすなど，その手法には小規模ゆえの高い実践性がある。それではニーズや課題をリサーチして仕入れ，開発された商品の宣伝・販売についてはどのような特徴があるのだろうか。

　佐藤長の電子広告媒体は HP，FB，そしてメールマガジンが主体となっている。長い目で見た広告宣伝費の軽減化が狙いの 1 つだろうが，HP の商品紹介の欄で店舗ごとの一押し商品群が異なる点を観取できることから，多様な情報

発信によってより多くの選択肢の提供を狙っているとも解釈できる。

　HP 上ではおすすめ商品として「オリジナルセレクション／旬の食材／こだわりの逸品」といった商品群が紹介されている。この商品群には既存の大手メーカー商品が含まれる一方，青森圏域の生鮮食材，青森近隣で生産・加工された商品も含まれている。紹介される商品群の傾向的特徴は「安全」と「旬」であり，高齢者の「健康」と「食の嗜好」に配慮した構成となっている。またメールマガジンでは来店無しでは入手不可の情報を提供するなど，会員獲得のための創意工夫がみられる。

　なお販売方法については店頭で購入された商品の事後配送サービスが行われるなど[12]，高齢化が進む地域住民への配慮も十分になされていることから，「高齢化が進む地域住民に対する，安全・食文化への配慮等に関する多様な選択肢の提供」が宣伝・販売方法における佐藤長の特徴といえよう。

## 5．おわりに

　佐藤長が地域密着・地域貢献を合言葉としている背景には，地方の中小スーパーがサバイブしつつ収益向上を図る上で，「地域」への密着・貢献による顧客満足の向上がもっとも効果的との認識があるようだ。

　佐藤長のグループ全体としての意思決定は集権的トップダウン型であろうが，店舗運営については分権的ボトムアップの側面が存在しており，これら2つの意思決定メカニズムがグループ内でうまく接合し機能しているように見受けられる。このような，とりわけ後者の意思決定に基づく組織運営は地域雇用の促進と相まって従業員満足の向上に資するものと思われる。

　地域内 SC に属する事業者から佐藤長へインプットし，そこから最終消費者たる顧客へアウトプットするという一連のサイクルは，各種資源の循環を通して佐藤長のみならず地域社会全体の持続可能性を支える仕組みとして不可欠なものである。この仕組みはコミュニティへの社会貢献と経済貢献を同時に達成しうるという点で注目に値する。

　このような仕組みの中核に位置する佐藤長の経営方針の根幹を簡潔に言えば「不易流行を念頭に置く身の丈に合った経営」ということができる。変化を恐

れず，実行可能な範囲で地域に密着し貢献し続けることが同社の経営方針なのである。このような経営方針は派手さこそないものの堅実であり，この堅実性が新型コロナウイルスの蔓延も含めた環境変化に対する適応力・抵抗力の源泉となっている。

　今後，少子高齢化の進展によって佐藤長を取り巻く環境は徐々に変化するだろう。地域密着・地域貢献は今後も堅持されるものと予想されるが，環境変化に際して同社がいかに適応し活動の調整を図るのか，興味深いところである。

（落合　孝彦）

**注**

1　株式会社佐藤長 HP に基づき作成。
2　同上。
3　同上。
4　日本政策金融公庫総合研究所（2015），25-32 ページ。
5　同上，33-35 ページ。
6　同上，35 ページ。
7　同上，87-88 ページ。
8　同上，85-86 ページ。
9　同上，86-87 ページ。
10　同上，86 ページ。
11　佐藤長は青森地域の有力地銀である青森銀行・みちのく銀行が引き受ける形で銀行保証付私募債を発行している。これは資金調達手段の多様化を探るための第 1 歩とも見なしうる。
12　同上，87-88 ページ。

**参考文献**
佐藤長 HP（https://satoucho.co.jp，2020 年 12 月 10 日最終閲覧）。
日本政策金融公庫総合研究所（2015）「中小地場スーパーの生き残りをかけた取り組み～地域の『要』として愛され続ける中小企業の経営戦略とは～」『日本公庫総研レポート』No. 2015-5（https://www.jfc.go.jp/n/findings/pdf/soukenrepo_15_06_30.pdf，2020 年 12 月 6 日最終閲覧）。

# 第 12 章

# 地方都市における小規模チェーン店の経営戦略
## ―熊本県人吉市イスミ商事の事例―

## 1. はじめに

　地方都市は人口減少・高齢化に直面している。また，地方都市の郡部となる
となおさらである。熊本県人吉市もこの例外でない。イスミ商事はこの人吉市
においてスーパーマーケットチェーン 4 店舗を経営している。イスミ商事は地
元大手スーパーチェーンのサンロード社（売上高 70 億円）上場ディスカウン
トストアのコスモスなどと競合関係にある。しかし，イスミ商事は卓越した経
営戦略で業績を V 字回復させている。これを肥銀キャピタルが資金・経営面
（ハンズオン）で支援を行っている。こういった状況下で豪雨災害が人吉・球
磨地域を襲う。イスミ商事も本社店舗も甚大な被害を受ける。ここでは，地方
都市における小規模チェーン店の経営戦略，今後の復興計画などをイスミ商事
の事例で論じたい。

## 2. イスミ商事を取り巻く経済環境

　スーパーマーケットを取り巻く環境として，人口動態および人口構成が重要
な要素として挙げられる。ここではイスミ商事がスーパーマーケットを展開す
る人吉市の人口動態および人口構成について見てみる。図表 12-1 を見ると，
人吉市の総人口は，2004 年末 3 万 8,431 人から 2020 年 8 月末 3 万 1,765 人へ
と 17.3％減少しており，年平均 1.2％で減少している。この間，人吉市の人口
は，一貫して減少し続けている。一方，図表 12-2 を見ると，65 歳以上の高齢

者人口は，2011 年末 1 万 534 人から 2020 年 8 月末 1 万 1,602 人へと 1,100 人
増加している。また，高齢化率（全体の人口に占める高齢者の割合）は，2011
年 29.6％から 2020 年 8 月 36.5％へと 6.9 ポイント増加している。熊本県でも
熊本市近郊では人口の増加する区や市が見られる。しかし，郡部と言われる地
域では一貫して人口が減少している。また，高齢者の人口が増加し，高齢化が
進展していることがわかる。

　こうした状況の下で，通常の経営を行っていれば，スーパーマーケットの売
上高は，客数の減少に伴い低減する。これに対してスーパーマーケットは売上

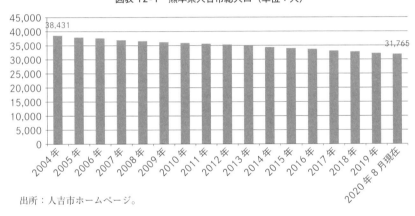

図表 12-1　熊本県人吉市総人口（単位：人）

出所：人吉市ホームページ。

図表 12-2　人吉市高齢者人口および高齢化率

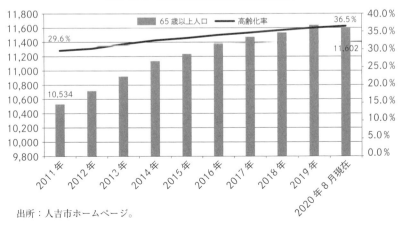

出所：人吉市ホームページ。

高を維持（あるいは増加）するために，客単価あるいは購入品目数の増加，店舗の拡大，店舗数の増加などの施策を取らなければならない。また，高齢者数の増加，高齢化率の上昇に対して商品のラインナップの見直しをしなければならない。高齢者数の増加により売上高の維持を離れないのであれば，収益性（値入率）を改善し，利益を確保する戦略が考えられる。

　次節以降，イスミ商事が，日本の地方都市の郡部で起こっている人口減少・高齢化率の上昇に対してどのように対応し，売上高あるいは利益を確保しているのかを見てみる。

## 3．イスミ商事の M&A 経緯

　ここではイスミ商事の M&A の経緯について確認をする（図表 12-3 参照）。2017 年にイスミ商事は髙見商店によって買収されている。企業譲渡の要因は後継者不在とされている[1]。しかし，本質的な要因は建物老朽化などによる売上高減少による後継者不在である。

　髙見商店は青果卸業を営み，ホテル，婚礼式場，病院，飲食店などへの BtoB（Business to Business）を主としている。髙見商店は 1948 年に創業され，髙見智喜（当時 38 歳）社長は若く能力にたけている[2]。

　髙見商店の商品は食品商社という特性から商品は差別化しにくく，従業員の営業能力に任せた事業[3]になっていた。これと同時に人口減少による売上高の

**図表 12-3　イスミ商事の概要**

| 企業名： | 株式会社イスミ商事 |
|---|---|
| 資本金： | 3,515 万円 |
| 株　主： | 株式会社髙見商店 |
| 年　商： | 15 億 9,000 万円 |
| 店舗数： | 4 店舗 |
| 本店 | 人吉市九日町 87 |
| インター店 | 人吉市鬼木町 600 |
| 錦店 | 球磨郡錦町一武 1950-1 |
| 免田店 | 球磨郡あさぎり町免田東 3156-1 |

減少，労働賃金の上昇による収益性低下が経営課題になりつつあった。今後，自社の商社機能のみの成長戦略では，新規販路の拡大や労働力の確保に限界があると感じていた。髙見商店はより質のいい商品を仕入れ，価格競争に巻き込まれず商品価値を保つため，下流のスーパーマーケット市場に進出することを決断した。BtoB と BtoC（Business to Consumer）を一気通貫で経営をすることで価格優位を維持できると考えたからである。イスミ商事の M&A からわかるように，施設の老朽化という課題を抱えながら，BtoB と BtoC との一気通貫という強みを行かしながら，従来，支店長任せの経営に陥らないように経営戦略がとられることになる。

## ４．イスミ商事の各店舗の立地状況と経営戦略

### ⑴　イスミ本店への経営資源の集中

　イスミ本店は人吉市の中心街にあり，近隣に人吉を代表する観光旅館「鮎の里」，「鍋屋」などがある。イスミ本店は３階建て鉄筋コンクリートの建物で，１階は生鮮食品を中心とした店舗，２階は衣料品・本社事務所，３階は倉庫となっている。イスミ本店の第一商業圏[4]には競合他店はなく，第二商業圏にはゆめマート，サンロード西間店があるのみである。客数は前年比 100％を超えており，競争力を有している。図表 12-4 でイスミ本店の競争力を見てみる。M&A 前の青果の仕入れ商流は，仲卸業者 60 社から人吉連合青果を介し，イスミ商事に入荷していた。M&A 後の成果仕入れ商流は，親会社である髙見商店を介してイスミ商事に入荷するようになった。中間マージンが削減されることになった。図表 12-5 で合併時のシナジー効果を見てみる。M&A 前に人吉連合青果より仕入れていた主要な青果価格は 3,060 円で，M&A 後に髙見商店より仕入れている主要な青果価格は 2,294 円であり，コストダウン 21％となっている。このことが競合他店に対する競争力となっている。また，イスミ本店は，グループの収益改善，ヘッドクウォーターとしての機能強化を図っている。イスミ西間店は本店に近く顧客が本店に流れ，３期連続で営業赤字となっていた。イスミ西間店の従業員を本社に集中させ，また，西間店を売却しその資金で借入を圧縮している。

図表 12-4　青果仕入れの商流

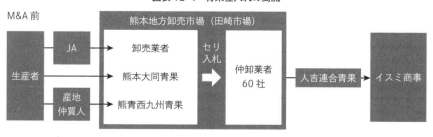

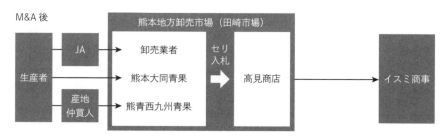

出所：肥銀キャピタル作成。

図表 12-5　2018 年 1 月合併時におけるシナジー効果

| 品目 | 単位 | 人吉連合青果 | 高見商店 | コストダウン率 |
|---|---|---|---|---|
| レタス | 1 玉 | 387 円 | 168 円 | -57% |
| ほうれん草 | 1 束 | 301 円 | 138 円 | -54% |
| 小松菜 | 1 束 | 215 円 | 138 円 | -36% |
| キャベツ | 1 玉 | 387 円 | 250 円 | -35% |
| ピーマン | 1 キロ | 753 円 | 550 円 | -27% |
| ニンジン | 1 キロ | 121 円 | 100 円 | -17% |
| レモン | 1 個 | 85 円 | 82 円 | -4% |
| パプリカ | 1 キロ | 730 円 | 780 円 | 7% |
| 三つ葉 | 1 束 | 81 円 | 88 円 | 9% |
| 合計 | — | 3,060 円 | 2,294 円 | -21% |

出所：高見商店提出資料より作成。

## (2)　イスミインター店の改装戦略

　競合他社の集結する地域における店舗戦略について検討する（図表 12-6 参照）。イスミインター店は高速道路のインターチェンジの近辺に立地する。このため，自動車の往来が多く競合他社が多く存在する。競合他社としてはサンロード鬼木店，ドラックストア・コスモス，鮮度市場人吉支店がある。サンロード鬼木店は人吉地域で最も店舗数を展開するスーパーマーケットサンロードの中小型店となる。中小型店のためイスミインター店に苦戦している。コスモスもドラックストアであるため，イスミインター店に生鮮食品で苦戦を強いられている。鮮度市場人吉店がイスミインター店にとって最も脅威となっている。鮮度市場は熊本県下を中心に展開する地域スーパーであり，熊本県資本で最も大きいスーパーマーケットである。鮮魚コーナーは品揃え，価格で全国展開のスーパーマーケットチェーンを凌駕する。イスミインター店は競争の激化する高速インター近辺において店舗の改装投資を行う。2019 年 12 月に補助金および銀行借入金により 2,000 万円の照明の LED 化，冷蔵冷凍庫の設置，内装改装を行っている。このことにより光熱費は 2020 年 5-7 月期で前年同期比160 万円のコストカットが実現できた。また，内装改装により競合他店に比べ

**図表 12-6　イスミ商事の沿革**

| 1956 年 8 月 | 伊住商事有限会社。「主婦ストア」として人吉球磨地域では初となるスーパーマーケットをオープン |
|---|---|
| 1979 年 7 月 | 「主婦ストア」を増設，増床「ショッピングセンターイスミ」としてオープン（現本店） |
| 1983 年 12 月 | イスミ西間店オープン（2 店舗目） |
| 1988 年 7 月 | イスミ城本店オープン（3 店舗目） |
| 1991 年 2 月 | 創業者死去。二代目が代表取締役就任。 |
| 1993 年 5 月 | イスミインター店オープン（4 店舗目） |
| 1993 年 7 月 | イスミ本店を全面改装 |
| 1995 年 10 月 | イスミ錦店オープン（5 店舗） |
| 2001 年 7 月 | イスミ免田オープン（6 店舗） |
| 2014 年 6 月 | イスミ城本店オープンを閉店 |
| 2017 年 11 月 | ㈱高見商店が全株式取得。高見智喜氏（当時 38 歳）が代表取締役に就任。 |
| 2018 年 4 月 | 西間店売却（簿価 1,500 万円，売却価格 5,000 万円） |
| 2019 年 12 月 | イスミインター店冷蔵ショーケースを含めた全面改装 |

集客力が上昇している[5]。『総合スーパーの興亡　ダイエー，ヨーカ堂，ジャスコの戦略』[6]では3つの仮説を検証している。3つの仮説は「よい店長さんがいると，店舗の売上も良い」，「価格が低ければ，店舗の売上も良い」，「駅から近ければ，店舗の売上も良い」であった。しかし，その結果は「新しい店であれば，店舗の売上も良い」であった。このためバブル経済崩壊後に更新投資ができず，ダイエーは店舗を閉鎖していったと結んでいる。これからも分かるように，イスミ商事は資金調達で厳しいながらも，設備投資を行い，競合他社との競争を優位に運んでいる。

## 5．今後の経営戦略

　イスミ商事は，スクラップ・アンド・ビルドで不採算店を閉店し，本社に人的資源を集中し，本社機能を強化していた。また，本社機能を集中する下で，仕入れ価格など強化していた。店舗の改装で競合他社に優位に立っていた。ここでは新しい成長戦略として，移動販売車および本店の建て替えについて検討する。

### ⑴　拡大する移動販売車事業
　図表12-7で買い物難民（店舗まで500m以上で自動車がない人口）について確認する。2010年買い物難民は644万人と2005年比13.8％増加している。2025年買い物難民推計は814万人と2010年比26.4％と一段と増加すると予想されている。全国的に買い物難民が増加し，公共団体および民間団体，企業の取り組みが重要となってきている。図表12-8で買い物難民に対する行政による対策実施状況を見る。実施している対策内容は，「コミュニティバス，乗合タクシーの運行等に対する支援」が81.3％と最も多く，次いで「空き店舗対策等の常設店舗の出店，運営に対する支援」（28.2％），「宅配・御用聞き・買い物代行サービス等に対する支援」（25.0％）と続いている。「移動販売車の導入・運営に対する支援」は2014年以降に増加傾向にある。これらの傾向から行政は移動販売車の導入・運営に対する支援を行うと推測され，移動販売車市場が大きく拡大することが予想される。

　行政が移動販売車の導入を支援している。こうした状況下で移動販売車大手であるとくし丸の移動スーパー台数推移を確認する。とくし丸移動スーパー台数は，2020 年 3 月現在で 500 台となり，2019 年末比で 33.0％増加している。とくし丸は創業以降に継続して移動スーパーを増加させている。とくし丸

図表 12-7　店舗まで 500m 以上で自動車がない人口の将来推計（65 歳以上，単位：万人）

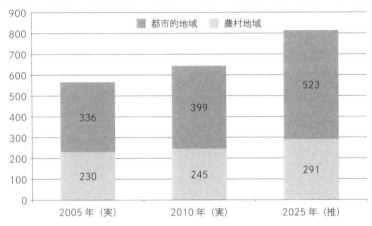

注：1　2005 年，2010 年は，それぞれ 2002，2007 年商業統計の店舗数，それぞれ 2005，2010 年国勢調査の人口を用いて推計。
　　2　2025 年は，店舗数は 2022 年推計値，人口は 2025 年推計人口（国立社会保障・人口問題研究所 2013）を用いて推計。
出所：農林水産政策研究所推計。

図表 12-8　行政による対策の実施状況「対策の内容について」

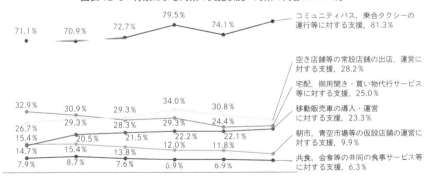

出所：農林水産省「食料品アクセス問題に関する全国市町村アンケート調査結果」。

**図表 12-9　とくし丸事業の仕組み**

「とくし丸」の収益構造

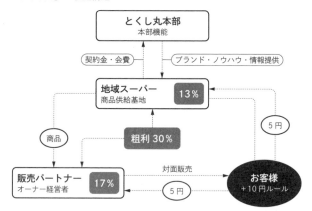

出所：住友達也（2018）「高齢者を支える移動スーパーの役割」『国際経済労働研究』通巻 1084 号 10 月号。

は行政に支援されながら，販売台数を増加させている。図表 12-9 でとくし丸の収益構造を確認する。とくし丸本部は地域スーパーと契約し，契約金 50 万円，月会費 3 万円を徴収する。地域スーパーは販売パートナーと契約し，商品の粗利益率 30％のうち 13％を受領する。販売パートナーは顧客から 1 品目 10 円の手数料を受領し，5 円を留保し，残り 5 円を地域スーパーへ支払う[7]。とくし丸の収益構造は，顧客にとって 1 品 10 円を支払うだけで分かりやすく負担が少ない。また，地域スーパーにとって契約金 50 万円，月会費 3 万円と低コストである。安価に移動スーパーのノウハウを手に入れられ，参入障壁が自社開発と比較して低い。イスミ商事も人吉地域の買い物難民に対し，移動スーパー事業を開始している。人吉地域は周りを山で囲まれ，五木村のように山間部にある村落も多くある。ただし，現在，山間部，人吉市中心部での販売は行ってない。イスミ商事は移動販売車 2 台で営業し，一日の売上高は 10 万円程度ある。人件費，一般管理費などを考慮して，損益イーブンである。イスミ商事の移動スーパー事業は成功裏に運んでいる。この成功要因は①店舗と同価格，②一度の買い物で，いくら買っても手数料 100 円という点にある。とくし丸方式の 1 品 10 円の手数料であれば，複数の商品購入をためらうのに対して，イスミ商事方式であれば，一度に多くの商品を購入することに

なり，売上拡大のブースターになると思われる。イスミ商事は移動スーパー事業を熊本県下に拡大する計画を立てている。また，移動スーパー事業だけをスピンオフさせ，別会社にする計画もある。肥銀キャピタルもファンド投資先のハンズオンという観点から事業拡大の支援のため，小規模スーパー事業のM&Aの紹介，クラウドファンディングによる資金支援などを考えている。

⑵　**本店の建て替えに伴う事業戦略**

　熊本県人吉市および球磨村は，2020年7月3日から4日までの48時間で418.5mmから497mmの雨量が記録された。球磨川やその支流で氾濫が生じ，氾濫流による建物・橋梁の破壊・流失，および浸水による被害が生じた[8]。イスミ商事も本店が被災した。ここではこの激甚災害をも成長の糧とする成長戦略を確認する。

　イスミ商事本社3階のうち，スーパー部分の1階天井まで水がつかる状況であった（図表12-10参照）。幸いであったのが，本社事務所の2階部分が無事であったため，本社以外の3支店を経営できたことであった。

図表 12-10　水害にあったイスミ本店 1 階食品売場

　イスミ商事高見社長は，即座に本社の建て替えを意思決定する。資金調達は水害保険金4億円，激甚災害認定に伴う建物撤去費用としての補助金5,000万円と合計4億5,000万円である。一方，再建費用は，立替費用2億円，冷蔵設備5,000万円，備品5,000万円，休業期間中の人件費6,000万円，その他9,000万円程度と4億5,000万円と収支イーブンとなる。

　では，図表12-11でイスミ商事本社の新建屋レイアウトから成長戦略を検討する。旧建屋は建て増しで非効率であった。また，旧本社は3階建てで，3階部分は未使用，2階部分は衣料品売り場であった。しかし，衣料品売り場は不採算となっていた。

　このため新建屋は3階建てを2階建てにして建坪を半分にし，駐車場を拡張する。人吉中心部ということで他店の駐車場は小さく，数も少ない。駐車場を拡張することで競合他社より利便性を向上させ，競争優位を強化しようとしている。また，2階部分の衣料品売り場は廃止することとなった。

　一階食品売り場は「小京都」をイメージした雰囲気を醸成するようにし，観光客も取り込めるようにしている。また，ドラック・ディスカウントストアと競合しないように安売りを止め，本質的な価値を遡及する売り場を作っている。

　また，駐車場を拡張するとともに人気高級パンフランチャイズと契約し，第二商業圏の顧客を取り込めるようにしている。パン売り場の売上高は500万円／月，営業利益率20％を計画している。

　また，人吉地域ではまだ導入されていない無人レジの導入も検討している。このことにより人件費の削減だけでなく，従来，レジに従事していた従業員をバックヤードに配置し，商品力の強化を図っている。

**図表12-11　イスミ商事本社の新建屋レイアウト**

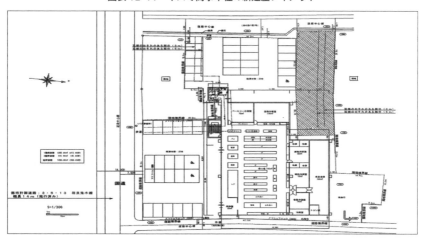

## 6．おわりに

　イスミ商事でみる地方都市における小規模チェーン店の経営戦略についてまとめてみる。小規模チェーン店の経営戦略で重要なことは，①資本的支出の重視，②スクラップ・アンド・ビルドの重視，③ヘッドクウォーターの重視，④地域に根差した成長戦略である。

　①では，地方都市の中小企業の更新投資は遅れ気味である。スーパーマーケットの比較優位性は設備の新しさにあるため，地域金融と協力して更新投資が必要となる。②では，資本的支出とヘッドクウォーターの重視と関連する。不採算の店舗を閉鎖し，資金と人的資源を集中させること，とりわけ，ヘッドクウォーターに集中させることが重要である。③では，地方都市の小規模スーパーマーケットでは，経営戦略を店長に任せきりである。しかし，商品戦略や店舗レイアウト，人事戦略，レジなどの決済システムなど，ヘッドクウォーターがしなければならない。ヘッドクウォーターに資金と人的資本を集中させ，競争力を創出しなければならない。④では，イスミ商事では買い物難民や水害に対応した経営戦略がとられていた。他の地方都市でも特産品への取組み，過疎化への対応，特殊な課題解決に取り組むことで成長戦略へつなげることができる。

　最後に商品戦略や人事戦略については触れることができなかった。今後，イスミ商事へのハンズオン支援で実践していきたい。

（中西　正行）

注
1　2018 年 3 月 1 日発行『くまもと経済』No. 441。
2　経営者能力の高さは，「意思決定の早さ」と「課題解決の深掘り」である。日本電産の永守会長も三大経営手法として挙げている。意思決定の早さの事例として，消費税の引き上げに伴うポイント還元に対する早期の設備投資である。人吉地域の競合他社は，高齢化を理由に設備投資を延期し，客数の取り込みを逃している。課題解決の深掘りの事例として，レジカウンターのコストダウンへの取り組みである。レジカウンターは大手メーカーの寡占状況であり，コストダウンへの取り組みは無駄に思われていた。しかし，組込みソフトウェアを分析し，新興レジカウンターメーカーの製品が導入可能であることを調べ上げ，大幅なコスト削減を可能にしようとしている。
3　人吉地区のスーパーマーケットの店舗展開も店長任せの運営が多く，店舗オペレーションに統一

性が希薄である。これは日本のスーパーマーケット市場で指摘されている。イスミ商事では意識的
に本部機能を意識し，運営がされている。桜井多恵子（2014）『新スーパーマーケット革命ビック
ビジネスへのチェーン化軌道』ダイヤモンド社，162ページ。
4　最寄品商圏などといわれ，お客様がほぼ毎日来店する可能性のある範囲を指し，一般的には徒歩
　で10〜15分程度，1km以内の距離を言う。
5　イスミ商事の調査による他店の駐車量調査による。
6　三品和広・三品ゼミ（2011）『総合スーパーの興亡　ダイエー，ヨーカ堂，ジャスコの戦略』東
　洋経済新報社，51-78ページ。
7　住友達也（2018）『ザッソー・ベンチャー移動スーパーとくし丸のキセキ』西日本出版社，4ページ。
8　国立研究開発法人防災科学技術研究所「令和2年7月豪雨による熊本県人吉市および球磨村渡地
　区の洪水被害の特徴」https://www.bosai.go.jp/，2020年9月24日アクセス）。

**参考文献**
伊藤稔（2018）『儲かる「個店力最大化」のすすめ方』エベレスト出版。
桜井多恵子（2014）『新スーパーマーケット革命ビックビジネスへのチェーン化軌道』ダイヤモンド社。
住友達也（2018）『ザッソー・ベンチャー移動スーパーとくし丸のキセキ』西日本出版社。
三品和広・三品ゼミ（2011）『総合スーパーの興亡　ダイエー，ヨーカ堂，ジャスコの戦略』東洋経
　済新報社。
水元仁志（2019）『スーパーマーケット近未来戦略』商業界。
Stephen, Doug (2017), *Reengineering Retail*, Joseph Pine II.（斉藤栄一郎訳『小売再生　リアル店
　舗はメディアになる』プレジデント社。）

第13章

# 農林水産業における中小企業の展開

## 1. 農林水産業構造の現状

　農林水産業[1]は，日常生活に不可欠な食料や住宅資材等を供給し，地域経済を支えている重要な産業である。一方，貿易自由化により，海外から安価な農産物が流入し，農林水産業に大きなダメージを与えている。特に，日本の農業

図表 13-1　産業別就業人口の推移

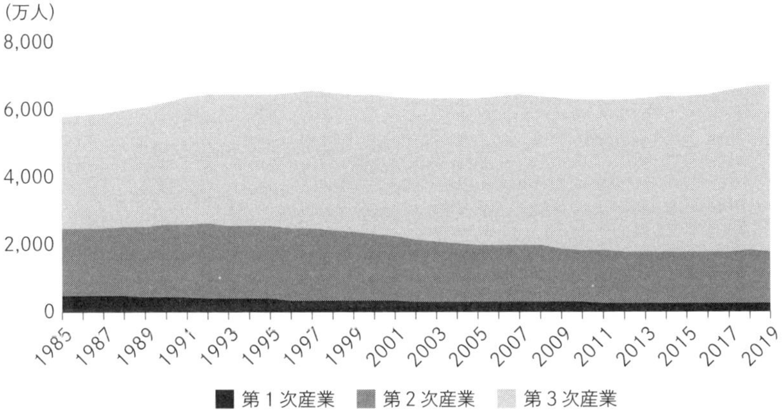

注：第1次産業：「農業，林業」および「漁業」。
　　第2次産業：「鉱業，採石業，砂利採取業」，「建設業」および「製造業」。
　　第3次産業：「電気・ガス・熱供給・水道業」，「情報通信業」，「運輸業，郵便業」，「卸売業，小売業」，「金融業，保険業」，「不動産業，物品賃貸業」，「学術研究，専門・技術サービス業」，「宿泊業，飲食サービス業」，「生活関連サービス業，娯楽業」，「教育，学習支援業」，「医療，福祉」，「複合サービス事業」，「サービス業（他に分類されないもの）」および「公務（他に分類されるものを除く）」。

出所：総務省（2020）「労働力調査」をもとに作成。

は，零細農家が多く，米・野菜・果物の多くは個々の農家が生産している。しかし，貿易自由化により，多くの消費者は安い外国産の農産物を買い求め，国内の農家は厳しい環境に置かれている。

また，第1次産業では高齢化と後継者不足の課題も存在している。産業別就業人口の推移をみてみると，第1産業は，後継者不足という問題に長らく直面していることがわかる（図表13-1参照）。さらに，年齢5歳階級別の割合をみると，「第1産業従事者」は男女ともに65歳以上の割合が最も高く，男性が31.0%，女性が19.6%となっており，「第1産業従事者」の5割以上を占めている[2]。

なぜ，高齢化および後継者不足の状況が続いているのか。根本的な要因は農林水産業の低所得と厳しい労働環境にあると考える。なぜならば，低所得および厳しい労働環境が，求職者の農林水産業への就職意欲を阻害するからである。では，所得を向上させるとともに，労働環境の改善につながるためにどのような取り組みが必要なのか。本章では，農林水産業における経営体の法人化（中小企業法人）が有効な方策になると考える。

## 2. なぜ法人化が必要か

2020年の日本の農林水産業の経営体数をみてみると，農業が107万5,681経営体，林業が3万3,897経営体，漁業が8万1,771経営体となっている。そして，図表13-2に示されるように，農業，林業そして漁業における個人経営体

**図表13-2　農林水産業の経営体数（2020年）**

| 区分 | 経営体 ①＋② | 個人経営体 ① | 団体経営体 ② | 法人経営体 |
|---|---|---|---|---|
| 農業 | 1,075,681 | 1,037,423 | 38,258 | 30,636 |
| 林業 | 33,897 | 27,701 | 6,196 | 4,075 |
| 漁業 | 81,771 | 76,394 | 5,377 | 3,145 |

注：1　「漁業センサス」は5年ごとに調査を行うため，本図表における漁業
　　　は2018年のものである。
　　2　漁業のデータは海面漁業と内水面漁業の値の合算である。
出所：農林水産省（2020）「農林業センサス」および「漁業センサス」をもと
　　　に作成。

の割合が大きい。

　さて，個人経営体と法人経営体は所得にどのぐらいの差があるのかをみてみ
よう。農業の場合は，個人経営体 1 経営体当たりの農業経営収支は，農業粗
収益が 666.4 万円，農業経営費が 551.7 万円となった。この結果，農業所得は
114.7 万円となった。個人経営体に比較して，法人経営体 1 経営体当たりの農
業経営収支は，農業粗収益が 1 億 1,719.4 万円，農業経営費が 1 億 1,391.7 万
円となっており，農業所得は 327.5 万円となった（図表 13-3 参照）。

　なぜ，個人経営体と法人経営体の所得に格差が生じているのか。図表 13-2
にあるように，農業における個人経営体の割合が多い。しかしながら，青色申
告決算を行っていない経営体が約 7 割を占めている（図表 13-4 参照）。青色申
告制度は，帳簿書類に取引を記録し保存する義務を負う代わりに，様々な税制
上の優遇措置を受けることができる。青色申告申告を行っていない経営体は帳
簿記録を行っていないために，実際の収支状況を把握していない可能性がある
と考える。

　上記のことは，個人経営体はビジネス感覚を有していないことを示唆してい
る。ビジネス感覚を有していないため，ビジネス手法を用いて所得を向上させ

**図表 13-3　農業経営体の所得（1 経営体当たり）**

単位：万円

| 区分 | 農業経営収支 | | |
| --- | --- | --- | --- |
| | 農業粗収益 | 農業経営費 | 農業所得 |
| 個人経営体 | 666.4 | 551.7 | 114.7 |
| 法人経営体 | 11,719.4 | 11,391.7 | 327.5 |

出所：農林水産省（2021）「農林水産統計」をもとに加筆修正。

**図表 13-4　農業経営体における青色申告の状況**

単位：経営体

| 全体 | 青色申告を行っている経営体 | | | | 青色申告を行っていない経営体 |
| --- | --- | --- | --- | --- | --- |
| | 小計 | 正規の簿記 | 簡易簿記 | 現金主義 | |
| 1,075,681 | 381,978 | 206,615 | 146,251 | 29,112 | 693,703 |

出所：農林水産省（2020）「農林業センサス」をもとに加筆修正。

ることが難しいと考える。持続可能な農林水産業のため，所得確保が重要である。したがって，小規模家族経営が中心とする経営体は法人化が重要である。法人体制，すなわち中小企業体制を導入することで，税制面の優遇だけではなく，事業活動における経営手法の活用にもつながっていく。

## 3．経営手法の導入

　農林水産業の経営体を法人化して会社組織とした場合は事業活動に経営手法の導入が考えられる。ここでは，主に ICT 活用と，付加価値商品の開発に焦点を当てることとする。

### ⑴　ICT の活用

　農林水産業は作業が大変なことのほか，自然が相手となっており，台風による災害やその年の天候（猛暑や冷夏）によって，収穫に影響がある非常に不安定な性格をもっている。農業の場合は，①気候・気象条件，②立地条件，地形条件，③動植物生産に関わる諸領域，④農法・循環型農法論などとも密接に係わることになる。ICT を活用したスマート農業の「農業機械へのロボット技術の導入」（労働手段），「圃場・作物の能力を最大限に発揮」（労働対象），「きつい作業，危険な作業から開放」（労働過程），「誰もが取り組みやすい農業を実現」し，さらに「消費者・実需者に安心と信頼を提供」といった，農業・食料の生産から加工，流通，消費のフードシステムに係わることになる[3]。例えば，生産過程において作業記録，気象，土壌などの環境データおよび作物の生育状況や成分を収集し，相互に分析することで，適正な作業量，肥料量，農薬量を算出する。この情報により，植物工場を制御したり，作業者への指示を最適化したりして，収量の増加，品質の向上および安定化，さらにはコストの最適化を図っている[4]。

　一方で，実際の農業の経営体におけるデータ活用の状況をみてみると，データを活用した農業を行っている経営体はわずか18万2,562経営体となっており，データを活用した農業を行っていない経営体は89万3,119経営体となっている（図表13-5参照）。このことは，農業経営体は，科学的に立証された技

術と理論的に積み上げた知識を活用せず，従来の勘と経験に頼った方法で農業を行っている状況を示唆している。

　農家には，ICT は導入コストが大きな障壁となると考える向きもあろう。最近，センサーやマイコンなどの ICT デバイスの低価格化と高性能化が急速に進み，数千円で作れる農業用センサーもある。必要なセンサーデータは温湿度，照度，二酸化炭素濃度，水温，液肥濃度，pH などで，これらは急激に変化せずかつデータサイズも小さい。通信手段として屋内は Wi-Fi，屋外では 3G や 4G の携帯電話網を利用した，毎秒 100 キロビット程度の格安データ通信で十分である。

**図表 13-5　農業におけるデータの活用**

単位：経営体

| 計 | データを活用した農業を行っている経営体 | | | | データを活用した農業を行っていない経営体 |
| | 小計 | データを取得して活用 | データを取得・記録して活用 | データを取得・分析して活用 | |
|---|---|---|---|---|---|
| 1,075,681 | 182,562 | 108,877 | 61,734 | 11,951 | 893,119 |

出所：農林水産省（2020）「農林業センサス」をもとに加筆修正。

　例えば，LoRaWAN[5] は，低速ながら伝送距離が最大 10 キロメートルと長いことから，このような農業のセンシング用途にも期待されている。植物の生育状態の監視に動画の必要性は低く，1 時間に数枚程度の静止画であれば低速通信で十分である。一方，肥料・農薬散布，種まき，圃場センシング，そして鳥獣対策まで利用範囲が広がっているドローンは，いよいよ始まった次世代通信規格 5G サービスによる，リアルタイム操作や動画撮影において効果を発揮できる[6]。

　このように，ICT の活用による効率化，省力化，低コスト化は，①農家の高齢化や後継者難に対応できる上，所得向上を図ることができる，②データ共通化を通じて，熟練農家の暗黙知を形式知にすることで，イノベーションの前提となる。また，ICT は大量生産だけでなく，個々の生産者のノウハウによる付加価値の高い作物栽培にも有用である。

## ⑵　付加価値の高い商品の開発——古山果樹園の事例——

　古山果樹園は 1883 年に創業し，福島県福島市で 100 年以上も続く農家である。桃，りんご，その他フルーツ・野菜の生産および販売を主な事業としている。同園は，「とろもも」ブランドを自身で展開しており，2017 年から非破壊式光センサーで実測糖度 28.2 度を記録（品種：あかつきネオ）する「世界一甘い桃」を作っている。古山果樹園の桃は，都内百貨店で高く販売されている。糖度保証付きのものは 1 個単位で販売されており，20 度以上は 1 個 5 万円の値段をつけられたこともある。

　古山果樹園は小規模家族経営で営んでいる農家であるが，どんな経緯で「世界一甘い桃」を作ることができたのか。古山浩司氏はギネスに認定された糖度の記録を超える桃作りの成功に結び付けたキーパーソンである。古山浩司氏は古山果樹園の 5 代目で，現在，同園の代表を務めている。同氏は大学卒業後大手家電メーカー福島工場で 14 年間，設計を担当していたが，新しい農業を目指して，2010 年の 7 月に会社を辞め，就農した。ところが，就農してすぐに東日本大震災に遭った。東日本大震災による福島第一原子力発電所の事故により，福島県では甚大な原子力災害が発生した。原子力災害で福島県全域に風評被害が及び，県民の生活だけでなく農林水産業を始めとする多くの産業も大きな打撃を受けた。

　震災で古山果樹園の桃が全く売れなくなり，贈答用の注文が 6 割も減った。「どう風評を打破するか」が最初の課題であった。風評を打破するために安全性をアッピールする商品に関する放射能測定データが必要となった。しかし，その必要な放射能測定機器も手に入らなかった。2011 年の大震災と原発事故後，1 年目は放射能測定検査の結果同園の桃は 100 ベクレル以下で，2 年目からは不検出（ND）だった。古山氏はまず，商品に関する放射能測定検査のすべてのデータや情報をネットで発信して，商品の安全性をアピールしていた。

　次の課題は「どうやって目を向けてもらおうか」であった。それに対して，同氏は「世界で一番価値がない生産地域になってしまったのであれば，世界一価値があるものを生み出さなければ」[7]という答えを出した。つまり，付加価値の高い商品を開発することである。商品の開発にあたり，同氏はエンジニアとしての経験を生かし，栽培に関するデータの収集に取り組み始めた。さら

に，従来の勘と経験に頼った方法ではなく，研究機関と連携し，科学的に立証された技術と理論的に積み上げた知識をもとに，改良を積み重ね，それが「世界一甘い桃」の成功につながった。

　また，小規模家族経営であるため，繁忙期には人手不足の問題が生じる。この課題に対して，古山浩司氏は農業に専念できるようにサラリーマン時代のビジネス現場における効率性や成果主義のシステムを農業に導入した。とりわけ，収穫と販売チャンネルの拡大にICTを活用した。同園は個人の生産者では珍しい近赤外分光分析センサーが置かれており，「食べて甘い」だけでなく，実際に1玉1玉測定し糖度や味のブレがないように手元で検査している。この緻密さはエンジニア時代に培ったものである。収穫時期に桃の収穫タイミングを見図り，高性能の光センサーを持ち，収穫した桃はその場で糖度を計測することができる。また，古山果樹園はJA（農業協同組合）を通さずにオンラインストアを開設し，アンテナショップ，従来の客などと直接取引を行っている。

　このように同園は付加価値の高い1次産品の創出に努めてきた。しかし，見た目は悪いが，味は変わらない規格外品はどうしても出てしまう。同園の桃やりんごは贈答用がほとんどであるため，形の悪いものは商品として販売できない。規格外品が安値で販売されたり，販売できなければ，捨てられてしまったりする。そこで，同園は外部業者と連携し，桃やりんごを使った商品の開発に取り組み，その結果，桃ジュースやりんごジュースなどの商品の開発に成功した。このように，古山果樹園は加工品による付加価値の向上も追い求めている。

## 4. 農林水産業における中小企業展開の意義

　古山果樹園は事業にビジネスシステム（効率化，成果主義）を導入し，ビジネス手法（付加価値の高い商品の開発）を用いることで成功した事例である。経営体がビジネス感覚を発揮し，ビジネスとして成り立つ事業を展開できる環境の整備を促進するためには，法人化が必要となる。こうした取り組みは，所得向上および就業環境の改善につながり，農林水産業への就業人口を増加させ

る可能性がある。日本は，農村のみならず都市においても高齢化が進行しているが，特に農村においては，これまで地域活動を担っていた高齢者の人口も2025年より減少に転じる可能性があるため，農地等の資源やコミュニティの維持が困難となる[8]。こうした中では，農林水産業における就業人口の増加が地域への移住や定住を促進し，過疎地域，過疎山村の活性化につながる効果があると考える。

（徐　　玉琴）

**注**

1　総務省統計局では，第1次産業を「農業，林業」および「漁業」と定義する。よって，本章では，適宜に第1次産業と農林水産業の用語を用いる。

2　総務省統計局（2017），17ページ。

3　渡辺克司（2017）。

4　総務省（2013）『情報通信白書』（特集テーマ：「スマートICT」の戦略的活用でいかに日本に元気と成長をもたらすか）。

5　LPWAの一種で，無線ネットワーク規格の1つであり，IOT向けの通信規格で，世界的に広く利用されている。

6　佐藤証（2020）「IOTの現在地（下）─付加価値を与える手段に」『日本経済新聞』2020年4月20日付朝刊。

7　チームふくしまプライド「「世界一甘い桃」をつくる男は，桃と農業の未来を拓く」（https://team-fukushima-pride.com/love-and-peach，2021年2月28日最終アクセス）。

8　農林水産業（2017），4ページ。

**参考文献**

総務省統計局（2017）『平成27年国勢調査』。

農林水産業（2017）『食料・農業・農村白書』。

渡辺克司（2017）「ICT農業，スマート農業の現状と課題（1）」『情報処理センター研究年報』No. 22，1-18ページ。

# 第14章

# 地域の伝統を守る新中小企業
## ―伝統産業の枠を超えて―

## 1．地域に根付いた産業と企業

　あらゆる地域にはその土地特有の産業がある。それは歴史的に継承されてきた物を製造し続けていたり，地域に根付いた文化的な意味を有していたり，その土地や住民の拠りどころとなっていることもある。一般的にこのような産業を伝統産業と呼ぶことがある。そして，地域に根付いたこういった産業を支えるのは企業であり，特に中小企業であることが多く，またそこに勤める地域の住民が担い手でもある。交通機関や自動車の発達など移動手段が充実化されたことにより地域の概念は広がりを見せ，限定された地域とはいえないこともあるが，伝統産業は特定の地域を中心とし歴史を有した産業であることに変わりはない，

　それでは，伝統産業について検討していこう。伝統産業については法的な定義がなされている。1974年に制定された「伝統的工芸品産業の振興に関する法律」（伝産法）があり，この法律で指定されている "伝統的工芸品" を製造している産業が伝統産業であると規定されている。同法は「一定の地域で主として伝統的な技術又は技法等を用いて製造される伝統的工芸品が，民衆の生活の中ではぐくまれ受け継がれてきたこと及び将来もそれが存在し続ける基盤があることにかんがみ，このような伝統的工芸品の産業の振興を図り，もつて国民の生活に豊かさと潤いを与えるとともに地域経済の発展に寄与し，国民経済の健全な発展に資することを目的」としている。さらに，伝統的工芸品は以下に該当するものとされている。

1　主として日常生活の用に供されるものであること。

2　その製造過程の主要部分が手工業的であること。

3　伝統的な技術又は技法により製造されるものであること。

4　伝統的に使用されてきた原材料が主たる原材料として用いられ，製造されるものであること。

5　一定の地域において少なくない数の者がその製造を行い，又はその製造に従事しているものであること。

　以上のように伝産法では伝統的工芸品を製造している産業のことを伝統産業として定義しており，都道府県ごとに経済産業大臣によって認可された伝統的工芸品が指定されている[1]（図表14-1参照）。例えば，東京都の江戸切子，神奈川県の箱根寄木細工，京都府の西陣織や京友禅，広島県の熊野筆などがその一例である。

　このような伝統産業の現状をみると，その実態は衰退が著しいと指摘されている[2]。経済産業省が2020年10月に発表した資料によれば，伝統産業の現状は2017年度の生産額が927億円，従業数が5万8千人である[3]。同資料によれば，1998年度の伝統産業の生産額が2,784億円，従業者数が11万5千人だったことを考えると，生産額で3分の1，従業者数で20分の1にまで減少している。ここまで伝統産業が衰退してしまった要因は，伝統的工芸品が高価格になってしまっていること，時代にマッチしていない商品が多いこと，市場が小規模化してきていることなどが挙げられる。また，伝統的工芸品は日常生活の用に供されるものと定義されているにも関わらず，我々の日常生活の中で使用するものは少なく，文化的な美術品に近いものが多くなっていることが最大の要因ではないであろうか。つまり，伝統産業といった場合，伝統的かつ文化・芸術性の強い工芸品を製造する産業と認識した方が妥当であろう。

　一方，都道府県や市などの自治体が伝統産業という言葉を用いることもる。自治体が独自に"伝統工芸品"を指定して，これらを製造している産業を伝統産業と呼んでいる。この場合，日本文化を形成する地方に根付いた文化といっても差し支えない。例えば，京都市は「伝統産業とは伝統的な技術と技法で，日本の文化や生活に結びついている製品などを作り出す産業のこと」[4]と定義

## 図表 14-1　都道府県別伝統的工芸品の一覧

| 都道府県 | 品目 | 都道府県 | 品目 |
|---|---|---|---|
| 北海道 | 二風谷アットゥシ, 二風谷イタ | 滋賀県 | 近江上布, 信楽焼, 彦根仏壇 |
| 青森県 | 津軽塗 | 三重県 | 伊賀くみひも, 四日市萬古焼, 伊賀焼, 鈴鹿墨, 伊勢形紙 |
| 秋田県 | 川連漆器, 樺細工, 大館曲げわっぱ, 秋田杉桶樽 | 京都府 | 西陣織, 京鹿の子絞, 京友禅, 京黒紋付染, 京繍, 京くみひも, 京焼・清水焼, 京漆器, 京指物, 京石工芸品, 京人形, 京表具, 京小紋, 京仏壇, 京仏具, 京扇子, 京うちわ |
| 岩手県 | 浄法寺塗, 秀衡塗, 岩谷堂箪笥, 南部鉄器 | 大阪府 | 浪華本染め, 大阪欄間, 大阪唐木指物, 大阪泉州桐箪笥, 大阪金剛簾, 堺打刃物, 大阪浪華錫器, 大阪仏壇 |
| 宮城県 | 鳴子漆器, 仙台箪笥, 雄勝硯, 宮城伝統こけし | 奈良県 | 高山茶筌, 奈良筆, 奈良墨 |
| 山形県 | 置賜紬, 山形鋳物, 山形仏壇, 天童将棋駒 | 和歌山県 | 紀州漆器, 紀州箪笥, 紀州へら竿 |
| 山形県, 新潟県 | 羽越しな布 | 兵庫県 | 丹波立杭焼, 出石焼, 豊岡杞柳細工, 播州三木打刃物, 播州そろばん, 播州毛鉤 |
| 新潟県 | 塩沢紬, 小千谷縮, 小千谷紬, 本塩沢, 十日町絣, 十日町明石ちぢみ, 村上木彫堆朱, 新潟漆器, 加茂桐箪笥, 燕鎚起銅器, 越後与板打刃物, 越後三条打刃物, 新潟・白根仏壇, 長岡仏壇, 三条仏壇 | 岡山県 | 備前焼, 勝山竹細工 |
| 福島県 | 奥会津昭和からむし織, 大堀相馬焼, 会津本郷焼, 会津塗, 奥会津編み組細工 | 広島県 | 宮島細工, 広島仏壇, 熊野筆, 川尻筆, 福山琴 |
| 栃木県 | 益子焼 | 鳥取県 | 弓浜絣, 因州和紙 |
| 群馬県 | 伊勢崎絣, 桐生織 | 鳥取県, 島根県 | 出雲石燈ろう |
| 茨城県 | 笠間焼, 真壁石燈籠 | 島根県 | 石見焼, 石州和紙, 雲州そろばん |
| 茨城県, 栃木県 | 結城紬 | 山口県 | 萩焼, 大内塗, 赤間硯 |
| 埼玉県 | 行田足袋, 岩槻人形, 秩父銘仙, 春日部桐箪笥 | 徳島県 | 阿波正藍しじら織, 大谷焼, 阿波和紙 |
| 千葉県 | 千葉工匠具, 房州うちわ | 愛媛県 | 砥部焼, 大洲和紙 |
| 東京都 | 村山大島紬, 本場黄八丈, 多摩織, 東京染小紋, 東京手描友禅, 江戸和竿, 江戸指物, 東京銀器, 東京アンチモニー工芸品, 江戸押絵, 江戸からかみ, 江戸切子, 江戸木版画, 江戸硝子, 江戸べっ甲, 東京無地染, 江戸節句人形 | 香川県 | 香川漆器, 丸亀うちわ |
| 東京都, 埼玉県 | 江戸木目込人形 | 高知県 | 土佐打刃物, 土佐和紙 |
| 神奈川県 | 鎌倉彫, 小田原漆器, 箱根寄木細工 | 福岡県 | 博多織, 久留米絣, 小石原焼, 上野焼, 八女福島仏壇, 博多人形, 八女提灯 |
| 山梨県 | 甲州水晶貴石細工, 甲州印伝, 甲州手彫印章 | 佐賀県 | 伊万里・有田焼, 唐津焼 |
| 長野県 | 信州紬, 木曽漆器, 松本家具, 南木曽ろくろ細工, 信州打刃物, 飯山仏壇, 内山紙 | 長崎県 | 三川内焼, 波佐見焼, 長崎べっ甲 |
| 静岡県 | 駿河竹千筋細工, 駿河雛具, 駿河雛人形 | 大分県 | 別府竹細工 |
| 富山県 | 高岡漆器, 井波彫刻, 高岡銅器, 越中和紙, 越中福岡の菅笠, 庄川挽物木地 | 熊本県 | 小代焼, 天草陶磁器, 肥後象がん, 山鹿灯籠 |
| 石川県 | 牛首紬, 加賀友禅, 加賀繍, 九谷焼, 輪島塗, 山中漆器, 金沢漆器, 金沢仏壇, 七尾仏壇, 金沢箔 | 宮崎県 | 都城大弓 |
| 福井県 | 越前焼, 越前漆器, 若狭塗, 越前箪笥, 越前打刃物, 越前和紙, 若狭めのう細工 | 宮崎県, 鹿児島県 | 本場大島紬 |
| 愛知県 | 名古屋黒紋付染, 有松・鳴海絞, 名古屋友禅, 常滑焼, 赤津焼, 瀬戸染付焼, 三州鬼瓦工芸品, 名古屋桐箪笥, 名古屋仏壇, 尾張仏具, 三河仏壇, 豊橋筆, 岡崎石工品, 尾張七宝 | 鹿児島 | 薩摩焼, 川辺仏壇 |
| 岐阜県 | 美濃焼, 飛騨春慶, 一位一刀彫, 美濃和紙, 岐阜提灯 | 沖縄県 | 南風原花織, 久米島紬, 宮古上布, 読谷山花織, 読谷山ミンサー, 琉球絣, 首里織, 与那国織, 喜如嘉の芭蕉布, 八重山ミンサー, 八重山上布, 知花花織, 琉球びんがた, 壺屋焼, 琉球漆器, 三線 |

出所：筆者作成。

し，74品目を京都市の伝統工芸品としている。また，東京都では東京都伝統
工芸品として，製造工程の主要部分が手工業的であること，伝統的な技術又は
技法により製造されるものであること，伝統的に使用されてきた原材料により
製造されるものであること，都内において一定の数の者がその製造を行ってい
ることを条件に指定している[5]。つまり，国が指定したものを伝統的工芸品と
呼び，都道府県や自治体が指定したものを伝統工芸品と呼ぶといったように区
別できる。これら2つの名称は類似しているが，制度面からみると別なもので
ある。また，京都の西陣織などは国と自治体双方で指定されていて，重複して
いるケースがある。

## 2．地場産業とは

　伝統産業と類似した言葉に地場産業がある。地場産業とは，①「特定の地域
に起こった時期が古い」，②「特定の地域に同一業種の中小零細企業が地域的
企業集団を形成して集中立地している」，③「多くの地場産業の生産，販売構
造がいわゆる社会的分業体制」，④「ほかの地域ではあまり産出しない，その
地域独自の「特産品」を生産している」，⑤「市場を広く全国や海外に求めて
製品を販売している」といった5つの特徴を有している[6]。地場産業について
は，伝統産業ほど美術的要素がないことが多い。地域性はもちろん，歴史的な
背景，社会的分業の担い手などの特徴が含まれおり，また「中小企業」という
規模に関する特徴が含まれていることにも注視しなくてはならない。
　例えば，地場産業の中心的役割を担っていた企業が成長し，いわゆる中小企
業基本法の規定を超えてしまい，法律上，中小企業ではなくなった場合には，
この産業は地場産業とは言えなくなってしまうのであろうか。また，古さを求
めるならば，地域で新たに興った産業は地場産業といえないのであろうか。も
し企業規模や時間軸を地場産業に求めるというのであれば，それらは地場産業
とは言えないであろう。確かに，その地域とともに歴史や伝統を継承してきた
産業は重要である。歴史や伝統も一朝一夕に作り出せないものである。しか
し，地域を支える企業であるならば企業規模にこだわることもないし，将来誕
生する産業の点からいえば時間軸も関係ない。地場産業といった場合，伝統の

ある産業も，今誕生し，これから伝統を作り出していく産業も，地域に根付いた産業に変わりはない。

## 3．地域産業という認識の必要性

　地場産業に時間軸や企業規模が必要というのであれば，それとは異なった用語が必要である。それが地域産業であり，多くの場面で用いられている用語である。上記で触れた地場産業とここで用いる地域産業とを区別しておこう。

　時代の変化とともに地場産業もその特性が変化している。図表14-2では地場産業のプロトモデル，標準モデル，拡張モデルといった変化をまとめたものであり，それに新たなモデルとして地域産業の概念を追記した[7]。地域産業の特徴として，①特定の製品を生産している，②特定の地域に存立している，③企業規模にかかわらず，多くの地域内の企業で構成されている，④経営者は地域内に居住している，⑤その製品を生産するにあたって関連した行程や業種があり，その行程や業種は一部が元の地域外にも進展している，⑥地域内外に関係なく資本（資金）を受け入れる，⑦域内外の資源（原材料）に依存する，⑧歴史的な伝統があるかないかは関係ない，⑨地域の住民を従業者として雇用している，を挙げた。特に，企業規模に関係ない点，経営者が地域に在住している点，資本の受け入れに関しては地域外からでも構わない点，そして，地元の住民を従業員として雇用している点の4つを重視する。

　企業規模は地域の産業を支えることに関して前述したようにこだわらない。むしろ大企業でもCSR（Corporate Social Responsibility；企業の社会的責任）の一環として地域貢献を行っているケースがあり，規模の大小は区別する必要がない。次に経営者が地域に居住している点を重視している理由は，例えば地縁という言葉があるように，地域の祭事やイベント等に積極的に参加し，地域にコミットすることが重要である。続いて，資本の出所を地域内に限定しないのは，地域外に移住した出身者からクラウドファンディング等で出資を仰ぐことを想定しているためである。そして，地域住民の雇用を項目としてあげた理由は，いうまでもなくその産業が雇用の面からも地域経済に寄与し発展につながるためである。このような特徴を有する産業を地域産業と位置づける。

図表 14-2　地場産業と地域産業

| 基準 | プロトモデル | 標準モデル | 拡張モデル | 新たなモデル（林）<br>＝地域産業 |
|---|---|---|---|---|
| 1 | 特定の伝統的な製品を生産している | 特定の製品を生産している | 同左 | 同左 |
| 2 | 特定の地域に存立している | 同左 | 同左 | 同左 |
| 3 | 多数の中小企業によって構成されている | 同左 | 多数の中小企業および中堅企業によって構成されている | 企業規模にかかわらず，多くが域内の企業で構成されている |
| 4 | 経営者は域内出身 | 同左 | 経営者は域内および域外出身者 | 経営者は域内に居住 |
| 5 | その他の製品を生産する，有機的に連関した行程があり，機械購入や最終製品販売は別にして，行程がほぼ域内で完結している | 同左 | その製品を生産する有機的に連関した行程・業種があるが，行程は一部が域外にも進展している | 同左 |
| 6 | もっぱら域内資本で運営されている | 同左 | 域内および域外資本で運営されている | 域内・域外関係なく資本を受け入れる |
| 7 | もっぱら域内資源（原材料など）に拠っている | 同左 | 域内および域外資源に拠っている | 同左 |
| 8 | 少なくとも江戸時代に遡る前史と伝統がある | なし | なし | なし |
| 9 | － | － | － | 地元の住民を雇用 |

出所：国崎（2006），205 ページに筆者が加筆。

　地域産業には当然，前述した国指定の伝統的工芸品を製造する伝統産業も含まれ，また，都道府県が指定している伝統工芸品を製造する産業も含まれる（図表 14-3 参照）。前者を狭義の伝統産業，後者を広義の伝統産業と呼び，それを包括する形で地域産業が存在する。大企業を地域産業から除外する理由もないし，中小規模の企業だけが地域経済に担い手であるわけでもない。地域産業を担い，伝統を守り，そして伝統を創り出していくのは，規模に関係なく地域に基盤を置き事業を営む企業である。

　ただし，規模の大きな企業に比べ中小企業が地域において期待されている役割があることも事実である。中小企業は地域内にとどまり続ける傾向を有し，

図表 14-3　伝統産業と地域産業

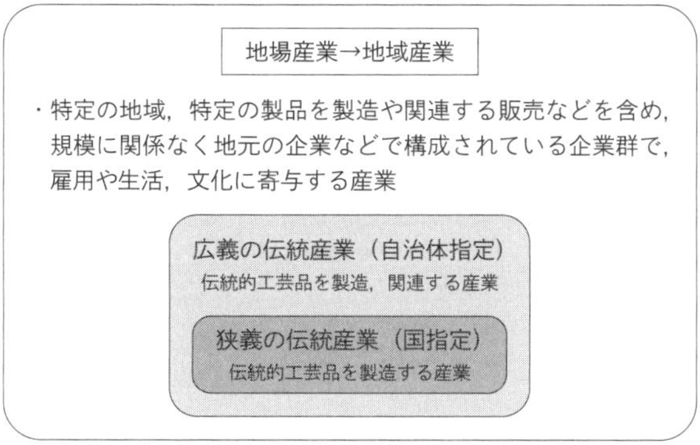

出所：筆者作成。

地域内経済循環の担い手であり，産業の多様性を向上させ，地域経済の活性化に積極的に取り組む主体となりやすいと指摘されている[8]。

　伝統産業や地場産業は衰退してきている。市場が縮小してきていること，また，産業やその構成要素である企業が市場に対応できていないことが理由として考えられる。今後，地域の企業は DX などを活用し，すでに日用品ではなくなったものに対して新たな価値を付加したり，マーケティングの手法を改善し市場を拡大したりするなどして，地域産業を維持していく必要があるだろう。そういった企業を地域密着型企業として企業規模などに関係なく認識していくことが肝要である。

（林　　幸治）

注
1　2019 年 11 月 20 日時点で 235 品目が指定品目となっている。
2　佐藤（2018），59 ページ。
3　経済産業省製造産業局伝統的工芸品産業室（2020），4 ページ。女性が伝統工芸士として活躍している割合が増加しているとも指摘している。
4　京都市産業観光局，京都市教育委員会（2020）。
5　東京都中小企業振興公社 HP を参照（http://tokyo-craft.jp/promotion/traditional_crafts_2019/，2021 年 3 月 4 日アクセス）。
6　長谷川（2014），45-46 ページ。
7　国崎（2006），205 ページ。
8　植田ら（2014），63-64 ページ。

**参考文献**

植田浩史・桑原武志・本多哲夫・義永忠一・関智宏・田中幹大・林幸治 (2014)『中小企業・ベンチャー企業論』有斐閣。

京都市産業観光局, 京都市教育委員会 (2020)「令和2年版 わたしたちの伝統産業」(https://www.city.kyoto.lg.jp/sankan/cmsfiles/contents/0000041/41366/data.pdf, 2021年2月21日アクセス)。

経済産業省製造産業局伝統的工芸品産業室 (2020)『伝統的工芸品産業への支援』(https://www.meti.go.jp/policy/mono_info_service/mono_nichiyo-densan/densan-seminar/R2densan.hojokin.pdf, 2021年2月24日アクセス)。

国崎敬一 (2006)「地場産業概念をめぐる諸問題と暫定的解決案」『松山大学論集』17 (6), 193-211ページ。

佐藤典司 (2018)「伝統工芸産業の現状と課題, および今後のビジネス発展の可能性」『立命館経営学』第57巻第4号, 59-74ページ。

塩見治人 (2017)「地域産業クラスターの起源・成長・変容」『名古屋外国語大学現代国際学部紀要』第13号, 167-193ページ。

(株) 日本政策投資銀行地域企画部・(株) 日本経済研究所地域本部 (2018)「地域伝統ものづくり産業の活性化調査〈概要版〉」(https://www.dbj.jp/topics/dbj_news/2018/html/0000030625.html, 2021年1月11日アクセス)。

長谷川英伸 (2014)「地場産業に関する再考察─地場産業の類型化を中心に」玉川大学経営学部紀要『論叢』22号, 45-57ページ。

# 新中小企業としてのこれからの展望

# 第 15 章

# 中小企業の DX（Digital Transformation）戦略
## 大阪南泉州地域におけるインバウンド観光客への中小企業の対応

## 1．はじめに

　大阪南泉州地域は関西国際空港を擁し，インバウンド観光客が多く訪れる地域となっている。しかし，多くのインバウンド観光客は関西国際空港を経由するだけで大阪南泉州地域をディスティネーションとすることはなかった。そこで大阪泉州地域では堺市を中心にインバウンド観光客を呼び込むため様々な取り組みを行ってきた。

　本章が中心とするのは，この大阪泉州地域の中でも，岸和田市以南（岸和田市から岬町まで）のいわゆる南泉州地域（本章では大阪南泉州地域と記載する）の中小企業がどのように中小企業の DX 戦略をインバウンド観光客向けの誘客を通じて行ったのかということである。

　本章を執筆するのにあたって，大阪南泉州地域の地場企業 2 社の協力を得ることができた。1 社が大阪で最も古い造り酒屋である浪花酒造である。また，もう 1 社が地域活性化のために民間団体を組織し活発に活動し，自身では民泊を運営するという不動産業のサンジミニアーノである。

　なお，インタビュー調査は新型コロナウイルス（COVID-19）が蔓延する前に行われたため，新型コロナウイルスへの対応については言及できない。ただ，2020 年の新型コロナウイルスが蔓延していた状況でも大阪南泉州地域の中小企業の方々から様々な情報を得ていたことから，最後に新型コロナウイルスを見据えた事業展開について言及し本章を終える。

## 2．大阪南泉州地域とは

　本章の対象とする大阪南泉州地域は泉南とも呼ばれ，泉南地域広域行政推進協議会が設置されている地域であり，岸和田市，貝塚市，熊取町，泉佐野市，田尻町，泉南市，阪南市，岬町の5市3町から構成されている。歴史的には令制国の和泉国に由来する地域名称であり，713年の諸国郡郷名著好字令によって国名を2字にする必要が出ため，和泉という名称に変えたが地域名の泉州はそのまま残ることとなった。

　この地域，商業に関して注目を集めたのは廻船業が盛んであった江戸時代である。しかし，今日的な意味での商業は，江戸時代，酒造業をしていた寺田家が明治時代に勃興し，地方の有力財閥にまで成長したことで注目を集めた。この寺田財閥の創始者を寺田甚与茂というが，この寺田甚与茂に関しては昭和期に中澤米太郎が研究しており，研究成果が岸和田市立図書館に所蔵されている。また，寺田財閥が設立した岸和田紡績に関して労働問題の観点から複数の研究成果が残っている。このような歴史的経緯から，伝統的に繊維産業が強い地域であった。図表15-1の通り，現在においても泉州地域では繊維業を営む事業所が17.5％を占めており，その名残である。

　日本経済は第二次世界大戦後飛躍的に発展した。そして大阪でも例外なく経済規模が拡大した。この経済成長に伴って増加する航空需要を伊丹空港だけでは賄えなくなってきた。ただ，近隣住人の生活環境への配慮から関西の第2空港の建設が提起されるようになった。この際，大型で騒音が大きなジェット機

**図表 15-1　大阪府泉州地域事業所数**

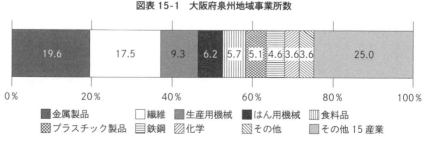

出所：大阪府 HP より筆者作成。

の受け入れができるようにと，海上に空港を設置する案が 1968 年から検討され，1987 年，大阪南泉州地域の泉佐野市，田尻町，泉南市沖に空港を作るべく工事に着工した。

　2010 年代に入ると LCC（Low-cost carrier）が就航したこともあり，海外からの観光客，つまり，インバウンド観光客が急増していった。この大半は台湾，中国，韓国，香港のインバウンド観光客であり，特に中国からの観光客はゴールデンルートと呼ばれる，東京→富士山→京都→大阪（もしくはその逆）が人気であり，このルートを辿るために，成田国際空港や本章の対象である関西国際空港も多くの中国人であふれかえっていた。

　しかし，人気の観光スポットは限定されていて，泉州地域は空港から公共交通機関を使って通り過ぎてしまうだけであった。そこで，地域の課題として通り過ぎるインバウンド観光客を滞留させる取り組みを行おうと盛んに議論が行われている。

　特に地域に根差す中小企業にとっては目の前を消費意欲旺盛なインバウンド観光客が通り過ぎていることから，いかにこのインバウンド観光客を滞留させて地域とともに発展していくのかを考える経営者が多く現れた。これは京都に対抗しているわけではないが，京都宣言にあるような，「中小企業にとって『地域』を入り口に，環境問題や貧困，教育など持続可能な 17 の開発目標を定めた SDGs を前向きに考える」ということを大阪南泉州地域の中小企業はすでに行っていたことを意味する。事例の 2 社はまさにそのような企業であり先進的な試みを行っていた。

## 3．2 社の概要とインタビュー内容

### ⑴　浪花酒造有限会社

### ①　会社概要

　浪花酒造有限会社は 1716 年に大阪南部の阪南市で創業した酒造会社である。大阪の蔵元としては最も古く，酒蔵や本宅は登録有形文化財に登録されている。年間製造数は約 1500 石とされ，2011 年時点ではその 7 割程度を普通酒が占めていた。しかし，2012 年 12 月に発表された社長のコメントにて，同年

図表 15-2　浪花酒造の酒蔵

出所：筆者撮影。

の新酒は「普通酒の製造を大幅に減らし，吟醸関連の造りにほぼ特化した」ことが明らかにされた（同社 HP より）。


② 経営理念

　同社の社長は 10 代目の成子和弘（以下，成子社長）である（2020 年現在）。成子社長の経営理念は，「十代目当主として，手作りの伝統を守り続け，ただおいしいだけでなく『心を満たす豊かな地酒』を提供すること」である。


③ インタビューの詳細

　浪花酒造有限会社の成子社長は，サンジミニアーノの樫井会長に紹介してもらった縁もあり，普段から学生の酒蔵見学やコンテストなどで筆者のゼミと協力関係にあった。特に「大学生観光まちづくりコンテスト大阪ステージ」に出場する留学生のフィールドワークなどを引き受けていた。

　大阪南泉州地域，特に泉佐野市は関西国際空港にかかる連絡橋の大阪側にあり，インバウンド観光客に対しても敏感であるが，大阪府も国の観光基本計画に基づいて大阪観光局がインバウンド観光客の受け入れを行っていた。また，泉州地域の自治体が集まる協議会もインバウンド観光客の受け入れに注力していて，大阪南泉州地域においては泉佐野市のみならず，岸和田市，阪南市など，多くの自治体がインバウンド観光客受け入れに関心を持っていた。ちなみに，浪花酒造の成子家は，明治時代，尾崎銀行を設立した一族であり，阪南市

では名家である。

このようなこともあって，自治体とも一緒にインバウンド観光客の受け入れなどには大変興味を持っていた。特に，関西国際空港ができてからもバブル経済崩壊以降，地域経済が低迷したままであり，自社地域の経済発展という観点からは，常に新しい何かを求める必要があった。また，地域の発展とともに，顧客が喜ぶお酒も提供し，自社も利益が上がる，近江商人でいうところの「三方よし」という考え（※成子社長は直接この言葉を使用していない）であった。このため，常に社会的責任を果たしていくということは前提にあり，地域の社会的課題も浪花酒造として捉え直し，日本酒を通じて解決していっていた。例えば，地域のお祭り，この場合には「HanaHanaBeeeen！」で地域外から集まる観光客のために日本酒の販売を行うなどしてきていた。また，浪花酒造の屋敷は，大阪で最も古い造り酒屋ということもあり有形文化財に登録されている。この屋敷の見学は無料で，時間が許せば成子社長自ら案内を行っていた。

なお，2000 年以降，インバウンド観光客が急増していく中で，自社 HP を作成するなどしてインターネットに対応していくとともに，2013 年以降は特にインターネット通販事業に力を入れるようになった。先に述べた通り，地域発展のために地元とのつながりを強くしていた浪花酒造は，自治体が行っているインバウンド観光客向けのプロモーションにも積極的に参加していった。自治体がインターネット上で多言語展開したこともあり，台湾などの旅行会社が大阪の代理店などを通じて酒蔵見学などのツアーの内容についての問い合わせなどが来るようになった。

関西国際空港は 24 時間空港であり，中国人観光客のゴールデンルートと言われた成田空港から日本に入国し，東京，富士山，京都経由大阪関西国際空港から出国する（又はその逆ルート）ルートの終着点として，また，早朝や深夜便の多い LCC で帰国もしくは入国するためには，大阪市内か大阪南泉州地域（主に泉佐野市）のホテルに宿泊する必要があった。特に大阪市内はインバウンド観光客急増のため，需給バランスが崩れ，ホテルの価格が高騰していた。このようなことから，大阪でも比較的宿泊費用の安い，また，距離的にも近い大阪南泉州地域（特に泉佐野）での宿泊が多くなってきていた。余談になる

が，このようなこともあり，泉佐野市の温泉地，犬鳴山温泉にある紀泉閣は中国資本によって買収され，連日多くの宿泊客でにぎわっていた。

　前述のような事情があり，トランジットの間，空いている時間を有効に使用するため，空港近くにある宿泊場所周辺での観光が求められるようになっていた。しかし，浪花酒造のある阪南市は田尻町の隣であり，南海電鉄沿いであり，泉佐野で宿泊している場合，電車で移動するのは多少の不便があった。しかし，浪花酒造にアプローチしてくる旅行代理店は，団体旅行客の中でもバスを使用して移動している旅行を主に取り扱っているということであった。

　また，浪花酒造は London Sake Challenge 2018 で金賞を受賞，現在，ハロッズでこのお酒が販売されている（2019 年現在）など，日本酒を海外に広める活動を積極的に行っており，これが功を奏したのか，インバウンド観光客が酒蔵を見学に来ることが増えていった。

　もちろん，浪花酒造も商売であることから，この見学の後には日本酒の販売コーナーにも立ち寄るようにツアーは設計されている。しかし，インバウンド観光客よりは，日本人ツアー客の方が多く日本酒を購入してくれるようである。このため，浪花酒造ではインバウンド観光客が購入しやすいように電子マネーでの購入もできるようにした。

　なお，インバウンド観光客が継続的に増加していることから，この観光客の

図表 15-3　インバウンド観光客の酒蔵見学

出所：浪花酒造提供。

来訪は一過性のものとは捉えず，インバウンド観光客向けの取り組みを着々と行っているようであった。このようなことから，営業利益を追求しつつ，大阪南泉州地域で社会貢献を行っている中小企業であるといえる。

### ⑵　株式会社サンジミニアーノ

#### ①　会社概要

サンジミニアーノは 1989 年 12 月に設立された不動産業者である。東京の商社に勤めていた会長（2020 年現在）が大阪府泉南郡熊取町に設立した会社（法人化は 2009 年 2 月）である。本社ビルはイタリアのサンジミニアーノをヒントに建築したため特徴的な建物となっている。

2018 年には不動産業を生かし，泉佐野市で民泊を展開するようになった。

図表 15-4　サンジミニアーノ本社ビル

出所：サンジミニアーノ提供。

#### ②　経営理念

「地域のバカ者になって，新しい事業に取り組む。」

#### ③　インタビューの詳細

サンジミニアーノの樫井会長は郷土に対する愛着が非常に強い人物である。不動産業をやる傍ら，関西国際空港が泉州地域にあるという現状を踏まえ，本業以外で様々な活動を行ってきていた。特に近年特徴的だった活動として，泉州地域の地域を良くしたいと考える，つまり，郷土愛の強い人々でグループを

形成し，泉州地域の振興に一役買おうとした。その名称も「草の根観光会議」である。毎月，泉佐野商工会議所などの会議室を借り，地域の有志とともに泉州地域の観光の現状について報告していた。

　泉州地域の特徴として，良い観光資源があるものの，宣伝する力が足らないというものがあった。そこで，草の根観光会議ではこの良い観光資源に光を当てるという作業を行った。そして年に一度，大会を開き，多くの人々を集めてこの観光資源のPRなどを行った。

　社会的課題を地元の有志が議論しあって，自治体や企業とは一線を画すことによって，違う視点から洗い出しを行うことができた。様々な観光資源がある中で，樫井会長が興味を持ったのは民泊であった。

　当時民泊は群雄割拠していて，特に中国資本と思われる民泊が空き家を買い取り，格安で中国人観光客に貸し出していた。ここまでであれば，空き家が多くなりつつある日本において，空き家を活用してくれる外国資本が出てきたということで喜ばしいことであると考えられるが実際は違った。そのような中国資本と思われる民泊は一般住宅の中に存在することが多く，宿泊客は夜中に大騒ぎをしたり，道路でたばこのポイ捨てをしたり，ゴミ出しのルールを守らないなど，閑静な住宅地が突如スラム街化してしまい大きな問題となった。京都ではこのようなことから地域住民の激しい反対運動が起こった。

　そうした中で，国も大阪府も民泊の届出制を採用するようになり，やりたい放題の民泊に網をかけることになった。民泊の規制が厳しくなっても，インバウンド観光客が年々急増する現状においては，旅館業組合などの反対はあるものの，捌ききれないインバウンド観光客の受け皿として民泊が再び注目されるようになった。

　このような活動で社会的課題を見つけ出していた樫井会長は，南海泉佐野駅にある妙光寺が有するかなり古い借家を2軒分改装し，インバウンド観光客向けの民泊営業を開始した（sano no yadoと名付けている）。草の根観光会議で参考になる事例として貝塚の民泊があったが，そこが登録していたAirBnBを活用し，営業を殆ど行わない方法であった。

　インバウンド観光客は古い日本家屋に興味があるということで，隣が寺院ということもあり，2020年現在，多くのインバウンド観光客を受け入れている。

図表 15-5　gomon no yado 内装

出所：サンジミニアーノ提供。

このようなことから，同社は営業利益を追求しつつ，インバウンド観光客を受け入れるという社会貢献を行っている中小企業であるといえる。

　捕捉になるが，2020 年 9 月に本社ビルであるサンジミニアーノの一室を改装して，新しい民泊施設として運営している（なお，gomon no yado と名付けている）。

## 4．インタビュー調査のまとめ

　関西国際空港を擁するものの，大阪市内とは違い大阪南泉州地域にはインバウンド観光客は観光として訪れず，その恩恵に与ることができていない地域であった。しかし，インタビュー調査の内容からも分かるように，地域に根差す中小企業は，自社の利益を追求する目的も去ることながら，郷土愛をもって地域の発展にも貢献しようとしていることを明らかにすることができた。

　これらの中小企業にとってデジタル技術の活用は業務の効率化というよりはむしろビジネスチャンスを広げるツールとして活用されている。具体的には，①浪花酒造の場合，自治体が提供しているインターネット上の情報発信に地元の有力企業として掲載されることを通じて，結果的に誘客を行っている，②サンジミニアーノの場合，営業ツールとして Air BnB を活用しているなどである。

　日本に住む外国人の多くはある程度日本語が理解できるが，観光客となるとその限りではない。団体旅行客の場合には日本語がわかるガイドが付いていることが多いが，近年，個人旅行客が増加していることを考えると，地域の中小企業であっても日本語以外にも使いこなせなければインバウンド観光客に対応できない。しかし，デジタル技術の活用はこのようなビジネスの壁を低くする役割を果たしている。結果として①浪花酒造が活用する情報発信は自治体のものが多く，自治体は多言語対応している場合が多いことから，結果的にデジタル技術の活用を通じてビジネスチャンスを広げていた，②サンジミニアーノは多言語に対応している予約サイトの活用を通じて多くの誘客を，つまりビジネスチャンスを広げていた。

　このようなことから，デジタル技術の活用は地方の中小企業が事業の拡大や多角化を行うのにあたって，その参入障壁を低減させる役割を担っており，地域の中小企業が自分たちの立地する地域のビジネスチャンスを見つけることさえできれば持続可能な成長が可能となっている。まさにこれが中小企業のDX戦略である。

## 5．おわりに

　本章は，インタビュー調査を通じて中小企業のDX戦略について記述的に明らかにした。事例として取り上げた大阪南泉州地域の中小企業の特徴として，郷土に対する愛着が強いということが挙げられる。そして，地元人ならではの着眼点でビジネスチャンスを見いだしている。言い換えると，事例の2社は営業価値のみを追求する中小企業ではなく，営業価値と社会的価値を追求する新中小企業である。

　しかし，このインタビュー調査が2019年末から2020年2月にかけて行われたということもあり，その後，日本経済を揺るがすことになった新型コロナウイルスの蔓延やその後の展望について中小企業の経営者がどのように事業展開をしようとしているのかということについてまで明らかにすることができなかった。

　ただ，筆者は本章で取り上げた中小企業以外にも2020年5月と9月に大阪

南泉州地域の企業経営者と情報交換をすることができた。5月の時点では入国制限がなされたということもあり，関西国際空港からほぼインバウンド観光客の姿が消えた。結果として，関西国際空港周辺のホテルや旅館は営業停止やサービスの縮小を余儀なくされた。この時期，現地の中小企業経営者から多く聞かれたのが「耐えること」であった。さらに「新型コロナ後を見据えた準備をすること」であった。そして，ICT の技術を活用した新型コロナへの対応も模索していた。

（百武 仁志）

**参考文献**

井上善海他（2014）『中小企業経営入門』中央経済社。

藤野公孝・高橋一夫（2014）『CSV 観光ビジネス』学芸出版社。

Carter, S. and Jones-Evans, D. (2012), *Enterprise and Small Business: Principles, Practice and Policy*, 3rd ed., Pearson.

中尾清・松崎克彦・百武仁志「大阪南泉州地域の商業発展史—岸和田，貝塚，泉佐野を中心に—」『大阪観光大学紀要第 19 号』大阪観光大学紀要編集委員会，2019 年 5 月，21-31 ページ。

百武仁志「大阪南泉州地域における社会的価値の発見と活用に関する一考察」『国際経営論集』第 57 号，神奈川大学経営学部，2019 年 3 月，81-94 ページ。

# 第16章

# ICT を活用した中小企業事業展開

## 1. 中小企業の現状と課題

　日本企業の 99%以上が中小企業で，8 割以上が小規模事業者である。一般大
企業と比較して，中小企業は生産性が低く，資本規模も小さいが，雇用の 7 割
を占めている。このように日本の経済において中小企業が大きな役割を果たし
ている。一方，中小企業は，図表 16-1 に示されているように，売上・受注の
停滞，減少，求人難などの経営課題を抱えている。その背景には，大手企業の
海外移転の影響で，既存取引の低下によるものもある。

　こうした経営課題の中，とりわけ求人難による人手不足や売上・受注の停
滞，減少の解決には ICT 活用が有効な対策であると考える。

図表 16-1　中小企業経営上問題点の推移

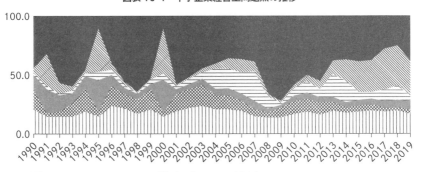

■ 売上・受注の停滞，減少　　▨ 求人難　　≡ 原材料高
▨ 人件費，支払利息等経費の増加　　▧ 製品安および取引先からの値下げ要請　　‖‖ その他

出所：中小企業庁「中小企業白書 2020」。

## ２．ICT 活用の効果

　中小企業が ICT を活用することにより，主に以下の３つの効果が期待できる。

(1)　人材不足による売上機会の逸失，サービスの低下を回避することができる。上述したように，求人難は中小企業の経営課題の１つである。従業員数 299 人以下の企業における大卒予定者数・就職希望者数の推移をみてみると，求人数に対して就職希望者数が低い状況が続いている（図表 16-2 参照）。深刻化する人手不足は，いまや多くの中小企業の経営に危機的な状況をもたらしている。人材不足は売上機会の逸失，外注の増加による利益の圧迫といったことで売上高や利益を減少させたり，納期遅れなど取引先との関係を悪化させたり，品質・サービスを低下させたりといった，経営にマイナス影響をもたらす恐れがある（図表 16-3 参照）。こうした中，ICT 活用が業務の自動化や効率化を図ることができる。例えば，ソフトウェアのロボットが人間に代わって，申請書類の入力，集計作業，経費精算作業などのルーティンワークを自動実行してくれる。こうしたことで，中小企業は顧客との接点である業務に従業員を配置，顧客の相談には手厚く応対し，また新しく企画したサービスを積極的に提供できるようになる。このように，ICT 活

図表 16-2　従業者数 299 人以下の企業における大卒予定者求人数・就業希望者数の推移

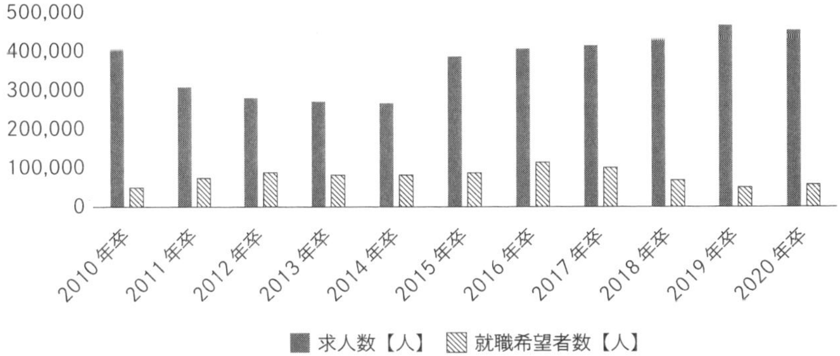

出所：（株）リクルートワークス研究所「ワークス大卒求人倍率調査」をもとに作成。

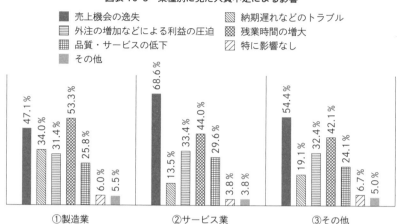

図表 16-3    業種別に見た人員不足による影響

出所：（株）帝国データバンク「取引条件改善状況調査」をもとに作成。

用を通して従業員の生産性を向上することで人手不足を解消し，さらに自社の事業に新たな価値を生み出していく可能性がある。

(2)　ビジネスチャンスの損失を防ぐことができる。これまで ICT は，生産過程で IoT の活用で品質や成型機の異常を感知でき，万一，不良品が発生した場合も加工条件を追跡調査することが中心であったが，ビジネスチャンスチャンスの損失も防げる。特に，2019 年に流行が始まった新型コロナウイルス感染症は企業活動にダメージを与えている。企業はイベントや外出自粛やリモートワークの推奨などにより，取引先や顧客との直接対面でのコミュニケーション機会が制限され，商談等が中断・遅延された（図表 16-4 参照）。こうした中，ICT を活用した時間や場所に捉われないテレワークは従業員の安全を守るのはもちろんのこと，緊急事態でも事業を継続させる。テレワークは，可能な限り人との接触を避けながら，取引先や顧客とのコミュニケーション機会を提供し，ビジネスチャンスの損失を防ぐことができる。

(3)　ビジネスチャンスや販路を拡大できる。インターネットの活用により，一度に多数に向けて情報発信を行い，また幅広い情報収集・情報交換を行うことが可能となる。これにより，今までの取引関係や地域制約にとらわれることなく多数の企業，消費者と取引できることとなり，ビジネスチャンスが

図表 16-4　新型コロナウイルスによる現在出ている影響（中小企業）

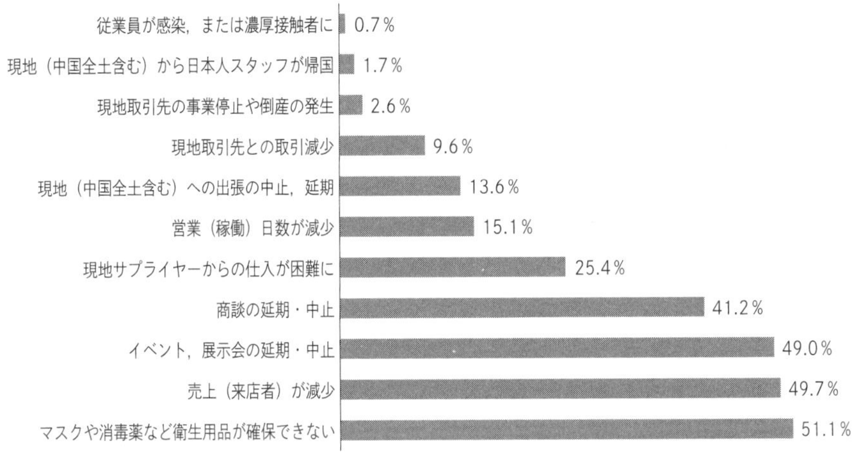

| 項目 | 割合 |
|---|---|
| 従業員が感染，または濃厚接触者に | 0.7 % |
| 現地（中国全土含む）から日本人スタッフが帰国 | 1.7 % |
| 現地取引先の事業停止や倒産の発生 | 2.6 % |
| 現地取引先との取引減少 | 9.6 % |
| 現地（中国全土含む）への出張の中止，延期 | 13.6 % |
| 営業（稼働）日数が減少 | 15.1 % |
| 現地サプライヤーからの仕入が困難に | 25.4 % |
| 商談の延期・中止 | 41.2 % |
| イベント，展示会の延期・中止 | 49.0 % |
| 売上（来店者）が減少 | 49.7 % |
| マスクや消毒薬など衛生用品が確保できない | 51.1 % |

出所：（株）東京商工リサーチ（2020）「第 2 回 新型コロナウイルスに関するアンケート調査」。

飛躍的に拡大することが期待される。例えば，2011 年の東日本大震災の原発事故で風評被害を受けた福島県にある古山果樹園は，商品に関する放射能測定検査のすべてのデータや情報をネットで発信し安全性をアピールしている。また，古山果樹園は JA（農業協同組合）を通さずにオンラインストアを開設し，アンテナショップと直接取引を行うようになった。

## 3．中小企業の ICT 利用実態

　ICT 活用には上述のような効果がある。では中小企業の ICT 利用実態はどのようになっているか。ICT 関連指標としてソフトウェア投資率の推移について確認してみよう。大手企業は上昇傾向で推移している一方，中小企業は低下から横ばい傾向で推移している（図表 16-5 参照）。これは，中小企業は資金面での制約だけではなく，ICT 活用の重要性に関する大企業と中小企業の認識格差も存在しているためである[1]。また，新型コロナウイルス感染症の影響で，ICT 導入を推し進めている中，中小企業と大企業の間にはデジタル格差がさらに広がっている。ICT 投資を進め，デジタル化にうまく対応できた大企業は，コロナ禍でも生産性を引き上げられる。しかし，資金面での制約に

図表 16-5　企業規模別ソフトウェア投資比率の推移

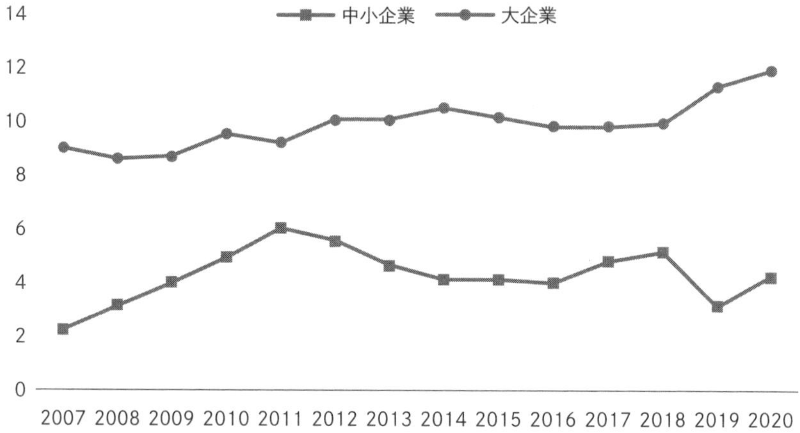

注：ソフトウェア投資比率＝ソフトウェア投資額÷設備投資額× 100%。
出所：財務省「法人企業統計調査季報」をもとに作成。

よって，デジタル化に対応できない中小企業は危機的状況に置かれている。

　また，中小企業において ICT 導入が進まない要因には投資効果が不透明，具体的な活用方法がわからない，人材の確保が困難といったものがある。東京商工会議所が発行した「ICT 活用事例集」で取り上げた事例では従業員規模が 5〜30 名程度の企業がほとんどである。これらの企業は人手不足による顧客対応，在庫管理，顧客情報管理などの課題を抱えていた。しかし，ICT 活用を通じて業務の簡潔化，情報管理の一元化を図り，生産性を向上させた（図表16-6 参照）。さらに，インターネットや SNS を通じた情報発信は新規顧客の開拓やリピーターの獲得につながる。中小企業が ICT の導入を検討する際に全体としては半数近くが外部支援者として地元のベンダに相談する傾向がある[2]。しかし，小規模事業者においては，ベンダとのアクセスが十分ではないため，こうした事業者にはクラウド等 ICT 利活用の効果や導入のノウハウを十分に伝えられていないということがある[3]。したがって，クラウド等 ICT に関する認知度・理解度が十分でない中小企業にもその利便性を知る場や機会を提供する主体として，各地の商工会議所・商工会，観光協会や農業協同組合，漁業協同組合など支援機関が重要になってくる。事例集で紹介されている企業も最初，投資効果が不透明，具体的な活用方法がわからないなどの課題に悩まさ

図表 16-6　ICT 導入と経営上の効果

| | ICT 導入の取り組み | 経営上の効果 |
|---|---|---|
| 飲食業 | ・SNS（Facebook や Line など）を通じて，商品に関する情報やイベント情報を発信 | ・販売促進費を抑えることができる<br>・来店促進とリピーターの獲得 |
| メンテナンス業 | ・顧客情報管理のクラウドサービスを導入 | ・営業活動の拡大によって売上高増 |
| 小売業 | ・店舗とネットの在庫を一元化する<br>・検索エンジンで検索順位を上位に上げる（SEO 対策） | ・ネットとリアルの相乗効果による売上高の増加，生産性の向上 |
| 訪問看護サービス | ・グループウェアを利用することで，スケジュール管理，情報共有など情報を一元化する | ・ワークライフバランスの推進，生産性向上 |
| 製造業 | ・受注管理，在庫管理，生産管理のシステムを導入<br>・拠点間の情報管理<br>・ホームページ新設やリニューアルで情報を発信 | ・顧客の好みを知って製品開発を行う<br>・顧客対応をスピーディーに正確に進める<br>・リードタイム短縮で生産性向上，効率化<br>・新規顧客の開拓（海外顧客も取り込む）<br>・移動コストの削減，労働時間の削減 |

出所：東京商工会議所「ICT 活用事例集」をもとに作成。

れていたが，商工会議所が主催するセミナーに参加し，ICT 活用効果を理解できるようになり，導入に踏み切った。

## 4．ICT 導入とグローバル化の恩恵

　コロナショックはデジタル化という技術革新を推し進めた。新型コロナウイルス感染症対策として社会全体でテレワークが推進された。一方で，大企業と中小企業の間における「デジタル格差」が広がりつつある。背景としては，テレワークに不向きな職種（単純労働）や業種（対面サービス）が存在していること，中小企業はテレワーク環境を整える資金面の余裕がないことなどが考えられる[4]。

　しかしながら，情報通信革命により，ビジネス分野では国内と海外を意識することなく，グローバルなビジネス形態や ICT・ネットワークの構築が求められている。これまで海外展開の主流は大手企業であった。しかし，積極的に

ICT 投資を進め，デジタル技術を駆使して海外人材の活用や海外進出が可能
となり，中小企業でもグローバリゼーションの恩恵を受け利益を増大できる。
これまで中小企業にとって ICT 活用は，初期投資の重さや社内の運用要員の
不足などがハードルとなっていたが，今は状況が大きく変わっている。現在
では IT サービスを提供する専門業者を利用すれば，手軽に使えるようになっ
た。例えば，専門業者にホームページの作成を依頼する場合，初期費用の相場
が 10～15 万程度である。IT 専門業者と連携し，容易に ICT を活用できる環
境が整ってきた。一方で，デジタル化の波に乗れない企業との格差は一層進む
と考えられる。

（徐　　玉琴）

注
1　西口浩司（2018）。
2　中西晶（2016）。
3　同上。
4　「コロナ禍で拡大する格差（中）」『日本経済新聞』2020 年 10 月 15 日付朝刊。

**参考文献**
中西晶（2016）「地域中小企業におけるクラウド等 ICT 活用の現状と課題」『日本情報経営学会誌』
　　Vol. 36, No. 3, 3-13 ページ。
西口浩司（2018）「ICT 活用の重要性に関する大企業と中小・零細企業の認識格差」『経営情報学会
　　2018 年秋全国研究発表大会要旨集』113-116 ページ。

第17章

# 撤退戦略としての M&A を活用した中小企業

## 1. はじめに

　M&A（合併・買収）は，これまで買い手側の立場からその有効性が論じられることが多かった。しかし実は，売り手側の企業にとっても，自社の事業のあり方を大きく変革し，目指すビジョンを大胆に実現する上で有効な手法となりうる。このことは，大企業だけでなく，中小企業においても当てはまる。

　日本の M&A 市場は主に大企業の事業再編ニーズから発展してきたが，2000 年代になると，後継者問題などを背景として M&A への抵抗感が減少し，M&A に関心をもつ中小企業が増加してきた。そして 2020 年代の現在では，多くの中小企業（およびベンチャー企業，スタートアップ企業）が M&A を積極的に利用するようになってきている。その中には，M&A を売り手として活用することにより，自社の成長を実現しようとする中小企業も少なくない。本章では，このような売り手として M&A を積極的に活用する中小企業の状況を概観する。

## 2. 考察対象の概要——「M&A クラウド」売却案件の特徴——

　現在，中小企業を含めた M&A に対する需要の拡大を背景に M&A 市場が活況である。ただし，証券取引所のような公式の M&A 市場は存在しない。その代わりに，民間の M&A 仲介サービス業者や M&A マッチング業者が主にその役割を担っている。このような民間業者が多数存在する中で，本章では，M&A マッチングプラットフォーム事業を展開する株式会社 M&A クラウ

ドのご協力を得て，同社のウェブサイト「M&A クラウド」で公開されている
売却案件一覧に掲載されている案件を対象として考察を進める[1]。「M&A クラ
ウド」の売却案件は開示情報が比較的充実しており，後述するような売却理由
のタイプ分類が可能である。さらに，完全な売却だけでなく資本参加あるいは
提携も視野に入れた売却案件が少なからず含まれていることも特徴である。

　図表 17-1 は，「M&A クラウド」の売却案件（以下，売却案件）の創業年
度，資金調達の検討意思，外部投資家の存在の有無を表している。創業年度お
よび資金調達の検討意思については，会社売却案件のみの項目であるため，事
業売却案件の情報はない。創業年度では，5 年未満が53.7％と過半数を占めて
いる。これは，社歴の若い企業が M&A の主要な売り手であることを意味し

図表 17-1　M&A 売却案件の創業年度・正社員・資金調達検討・外部投資家の存在（構成比）

|  |  | 全案件 | | 会社売却案件 | | 事業売却案件 | |
|---|---|---|---|---|---|---|---|
| 創業年度 | 5 年未満 | 53.7 | % | 53.7 | % | — | |
|  | 5 年以上 10 年未満 | 20.9 | | 20.9 | | — | |
|  | 10 年以上 | 25.4 | | 25.4 | | — | |
|  |  | 100.0 | | 100.0 | | — | |
| 正社員数 | ～5 人 | 76.9 | % | 63.0 | % | 92.8 | % |
|  | 5 ～ 10 人 | 10.9 | | 17.3 | | 3.6 | |
|  | 10 ～ 30 人 | 7.1 | | 10.2 | | 3.6 | |
|  | 30 ～ 50 人 | 1.7 | | 3.1 | | 0.0 | |
|  | 50 ～ 100 人 | 2.1 | | 3.9 | | 0.0 | |
|  | 100 ～ 300 人 | 1.3 | | 2.4 | | 0.0 | |
|  |  | 100.0 | | 100.0 | | 100.0 | |
| 資金調達 | 検討する | 37.8 | % | 37.8 | % | — | |
|  | 検討しない | 62.2 | | 62.2 | | — | |
|  |  | 100.0 | | 100.0 | | — | |
| 外部投資家 | あり | 28.6 | % | 32.3 | % | 24.3 | % |
|  | なし | 71.4 | | 67.7 | | 75.7 | |
|  |  | 100.0 | | 100.0 | | 100.0 | |

　　注：構成比は，会社売却案件 127 および事業売却案件 111 に対する比率。ただし創業年度
　　　　については不明を除いた件数に対する比率。
　　出所：M&A Cloud 公式ウェブサイト「売却案件一覧」（https://macloud.jp/selling_
　　　　targets，2020 年 12 月 24-25 日閲覧）より筆者作成。

ており，規模が小さい段階で会社を売却している場合が少なくないことを示唆する。ただし，創業 10 年以上の売り手も 1/4 ほど存在する。

　正社員数をみると，5 人以下が大多数であり，規模が非常に小さい企業や事業が売り手になっている場合が多いことがわかる。特に事業売却案件では正社員 30 人以上は存在しない。ただし，この表には記載していないが，「M&A クラウド」では正社員数とは別にパート・アルバイトの人数区分も記載されており，実際の従業員数はこの表の印象よりも多くなる[2]。

　資金調達の検討意思をみると，検討意思のある売り手が 37.8% 存在している。つまり，会社売却案件の 1/3 以上が，全株売却による M&A およびその事業からの完全退出という形態だけでなく，持株の一部のみを譲渡することで他社（投資家を含む）から資金調達を行い，それを元に自社の事業拡大を目指していることがわかる。この点は，いわゆる M&A での売却＝完全退出（撤退）というイメージとは必ずしも一致しない実態であるといえる。

　外部投資家の有無をみるとこの点がさらに示唆される。すなわち，「M&A クラウド」に登録した時点ですでに外部投資家が存在する案件が全案件の 28.6%，会社売却案件については 32.3% 存在しており，同サイトに登録している売り手企業は外部の出資受け入れに意欲的であることを示唆される。

　図表 17-2 は，売却案件の所属業界の構成比を示している。最多業界は IT・ソフトウェア・通信であり，全案件の半数近くがこの業界である。中でも，インターネット・Web サービスが群を抜いて多く，全案件の 1/3 以上がこの業界に属している。この業界の案件の詳細をみると，「EC」，「メディア」，「Web マーケティング」，「広告」，「エンターテインメント」，「コンサルティング」，「アプリ開発」，「SaaS」，「AI」などのキーワードが目立つ。また，次に多いのはシステム・ソフトウェアであり，キーワードをみると前者と重複する場合が少なくない。最多のインターネット・Web サービスとそれに次ぐシステム・ソフトウェアの 2 業界だけで合計の 4 割以上を占める。つまり，ウェブ上でのマーケティング等の支援を中心としたサービスやシステム構築を手掛ける会社や事業が売却案件の主な担い手であるといえる。これらは，技術を持っていれば個人あるいは少数の人間で手掛けることができるビジネスであり，さらにこれから需要の拡大が予測される領域であるため，参入者が多い。その分，競争

図表 17-2　M&A 売却案件の所属業界（構成比）

| | 全案件 | | 会社売却案件 | | 事業売却案件 | |
|---|---|---|---|---|---|---|
| IT・ソフトウェア・通信 | 48.3 | % | 48.8 | % | 47.7 | % |
| 　インターネット・Web サービス | 34.0 | | 29.9 | | 38.7 | |
| 　システム・ソフトウェア | 7.6 | | 10.2 | | 4.5 | |
| 　その他 IT | 3.8 | | 4.7 | | 2.7 | |
| 　情報処理・提供サービス | 2.1 | | 2.4 | | 1.8 | |
| 　通信 | 0.8 | | 1.6 | | 0.0 | |
| サービス・インフラ | 28.2 | | 26.8 | | 29.7 | |
| 　教育 | 5.5 | | 7.1 | | 3.6 | |
| 　その他サービス | 3.8 | | 3.9 | | 3.6 | |
| 　フードサービス | 3.4 | | 1.6 | | 5.4 | |
| 　人材サービス | 3.4 | | 3.1 | | 3.6 | |
| 　医療・福祉 | 2.9 | | 1.6 | | 4.5 | |
| 　ホテル・旅行 | 2.5 | | 1.6 | | 3.6 | |
| 　不動産 | 2.5 | | 3.9 | | 0.9 | |
| 　アミューズメント・レジャー | 1.7 | | 2.4 | | 0.9 | |
| 　鉄道・航空・運輸・物流 | 0.8 | | 0.0 | | 1.8 | |
| 　コンサルティング・調査 | 0.8 | | 0.0 | | 1.8 | |
| 　電力・ガス・エネルギー | 0.8 | | 1.6 | | 0.0 | |
| メーカー | 8.0 | | 7.9 | | 8.1 | |
| 　その他メーカー | 2.9 | | 3.1 | | 2.7 | |
| 　食品・農林・水産 | 1.7 | | 1.6 | | 1.8 | |
| 　繊維・化学・薬品・化粧品 | 1.7 | | 0.8 | | 2.7 | |
| 　スポーツ・玩具 | 0.4 | | 0.0 | | 0.9 | |
| 　機械・プラント | 0.4 | | 0.8 | | 0.0 | |
| 　自動車・輸送用機器 | 0.4 | | 0.8 | | 0.0 | |
| 　電子・電気機器 | 0.4 | | 0.8 | | 0.0 | |
| 小売 | 4.6 | | 4.7 | | 4.5 | |
| 　専門店 | 2.5 | | 3.1 | | 1.8 | |
| 　その他小売 | 2.1 | | 1.6 | | 2.7 | |
| 広告・出版・マスコミ | 4.6 | | 4.7 | | 4.5 | |
| 　広告 | 3.8 | | 3.1 | | 4.5 | |
| 　放送 | 0.4 | | 0.8 | | 0.0 | |
| 　出版 | 0.4 | | 0.8 | | 0.0 | |
| 商社 | 0.4 | | 0.8 | | 0.0 | |
| 　専門商社 | 0.4 | | 0.8 | | 0.0 | |
| 金融 | 0.4 | | 0.8 | | 0.0 | |
| 　その他金融 | 0.4 | | 0.8 | | 0.0 | |
| 官公庁・公社・団体 | 0.4 | | 0.0 | | 0.9 | |
| 　公社・団体 | 0.4 | | 0.0 | | 0.9 | |
| 未分類 | 5.0 | | 5.5 | | 4.5 | |
| | 100.0 | | 100.0 | | 100.0 | |

出所：M&A Cloud 公式ウェブサイト「売却案件一覧」(https://macloud.jp/selling_
　　targets, 2020 年 12 月 24-25 日閲覧）より筆者作成。

の激化とともに撤退を選択する事業者の数も多いと考えられる。

　IT・ソフトウェア・通信に次いで，サービス・インフラ業界の構成比も多い。これは母数としての企業数が多いことに加えて，現在の新型コロナウイルス感染拡大が影響していると推測される。例えば，この業界の中でも最多の教育について詳細を見ると，海外留学や海外インターンシップを支援する業種など外国に関する教育サービス企業が目立つ。これは新型コロナウイルスの影響で海外への渡航が困難になり需要が急減したことを反映しているといえる。さらに，個別指導の出張型水泳教室や都心好立地のヨガスタジオの売却案件もあり，やはり同様の理由と考えられる。教育以外でも，サービス業は新型コロナウイルス感染の影響を受けて事業継続に支障をきたしたと考えられる案件が一定程度存在する。

## 3．純資産の状況

　図表 17-3 は，売却案件の純資産の構成比を示したものである。全体を概観すると，純資産がプラスの企業が約 8 割に上ることがわかる。つまり，債務超過に陥っている企業は 2 割程度であり，それ以外の売り手企業は必ずしも欠損を抱える状態には至っていないにもかかわらず，M&A で売却を希望しているといえる。これは，直ちに経営破綻に陥る危機的な状況にあるわけではない中小企業にも，売り手として M&A を活用することが経営戦略上の選択肢として定着していることを示唆している。

　この表で興味深い点は 3 点ある。1 点目は，純資産が 0〜100 万円および 100〜300 万円の案件が多い点である。これらの区分は純資産がプラスの中でも下限の 2 区分である。この理由の 1 つは，上記 2. で指摘したように売却案件の企業規模が小さいことにあると考えられる。例えばサービス業やウェブマーケティング支援業は創業者が個人で運営する場合，大きな固定資産も不要であるため，少額の純資産でも事業運営が可能となりうる。もう 1 つの理由は，これらの小規模企業に限らず，純資産がプラスのうちに撤退を模索する企業が存在する可能性である。純資産が 0〜100 万円（および 100〜300 万円）という状態は，数百万円の純損失が発生すれば債務超過に陥る恐れがある状態で

ある。そのため，事業の先行きが懸念される場合，純資産がプラスの状態のほうが売却しやすく，深手を負わずに撤退することが可能との経営判断が行われていると推測される。

　2点目は，1点目とは対照的に，純資産が1億円以上の売却案件も少数ながら存在することである。これらの案件の詳細を見ても，業界や売却理由の点で明確な特徴や偏りは見いだせない。つまり，この2点目の事実は，純資産の点で経営に余裕がある中小企業においても，売り手としてM&Aを積極的に活

図表17-3　M&A売却案件の純資産（構成比）

| | 全案件 | | 会社売却案件 | | 事業売却案件 | |
|---|---|---|---|---|---|---|
| 50〜100億円 | 0.5% | | 0.8% | | 0.0% | |
| 30〜50億円 | 0.0 | | 0.0 | | 0.0 | |
| 10〜30億円 | 0.0 | | 0.0 | | 0.0 | |
| 5〜10億円 | 1.0 | | 0.8 | | 1.3 | |
| 3〜5億円 | 1.5 | | 2.4 | | 0.0 | |
| 1〜3億円 | 3.0 | | 4.7 | | 0.0 | |
| 5,000万円〜1億円 | 5.0 | 80.7% | 6.3 | 78.7% | 2.7 | 84.0% |
| 3,000〜5,000万円 | 3.5 | | 3.1 | | 4.0 | |
| 1,000〜3,000万円 | 20.3 | | 23.6 | | 14.7 | |
| 500〜1,000万円 | 5.0 | | 5.5 | | 4.0 | |
| 300〜500万円 | 5.9 | | 3.9 | | 9.3 | |
| 100〜300万円 | 10.4 | | 12.6 | | 6.7 | |
| 0円〜100万円 | 24.8 | | 15.0 | | 41.3 | |
| 0円〜△100万円 | 1.5 | | 0.8 | | 2.7 | |
| △100〜△300万円 | 1.0 | | 1.6 | | 0.0 | |
| △300〜△500万円 | 1.0 | | 0.0 | | 2.7 | |
| △500〜△1,000万円 | 2.0 | | 2.4 | | 1.3 | |
| △1,000〜△3,000万円 | 7.4 | | 10.2 | | 2.7 | |
| △3,000〜△5,000万円 | 2.5 | 19.3% | 2.4 | 21.3% | 2.7 | 16.0% |
| △5,000万円〜△1億円 | 2.5 | | 3.1 | | 1.3 | |
| △1〜△3億円 | 1.5 | | 0.8 | | 2.7 | |
| △3〜△5億円 | 0.0 | | 0.0 | | 0.0 | |
| △5〜△10億円 | 0.0 | | 0.0 | | 0.0 | |
| △10〜△30億円 | 0.0 | | 0.0 | | 0.0 | |
| 計 | 100.0 | | 100.0 | | 100.0 | |

注：「合計件数－不明件数」に対する比率。
出所：M&A Cloud公式ウェブサイト「売却案件一覧」（https://macloud.jp/selling_targets，2020年12月24-25日閲覧）より筆者作成。

用していることを示しているといえる。

　3 点目は，純資産が 1,000〜3,000 万円の案件の構成比が多いことである。この純資産区分には，全案件の 2 割，会社売却案件の 23.6％，事業売却案件の 14.7％が集中している。この理由は定かではないが，売却案件の企業の平均的な純資産をある程度反映しているのかもしれない。あるいは，1 点目の考え方を準用すると，純資産が 1,000 万円を下回ることに抵抗感を感じ，そのような事態を回避すべく先回りして，この段階で売却しておくという判断が行われやすいのかもしれない。一方，それとは正反対の発想も可能である。売却案件にはかなり小規模の企業が少なくないことを考慮すると，創業当初の純資産は 0〜300 万円程度であったが，事業が順調に成長して 1,000〜3,000 万円に達した段階になったケースが多いのかもしれない。このケースで想定される企業は，創業当初のような，創業者個人による運営がもっとも効率的な段階が終焉し，さらなる成長には個人ではなく組織として職務分掌を明確にした運営を行う必要がある段階に直面している企業である。このような段階では創業者の役割に変化が生じるため，創業者の意識の中に売却による退出（エグジット）が醸成されると考えられる。

## 4．売上高および収益変化の状況

　図表 17-4 は，売却案件の前期および今期見込み売上高の金額区分を表している。会社売却案件，事業売却案件ともに，前期において最も多いのは 0〜100 万円の区分である。特に事業売却案件では全体の 1/3 がこの区分になっている。前期の売上高は実績値であるため，やはりこの売上規模の企業が最も多い案件群であることがわかる。

　この区分に次いで多いのが 1,000〜3,000 万円である。特に会社売却案件では，0〜100 万円の区分の構成比と比較しても 2.4 ポイントほどの差に過ぎない。さらにその前後の区分である 500〜1,000 万円と 3,000〜5,000 万円の区分の構成比もそれに次いで多い。これらを 1 つの塊とみなすと，売上高が 500〜5,000 万円の案件の構成比は，全案件では約 40％，会社売却案件では約 38％，事業売却案件では約 43％とかなりの割合となる。そのため，実際にはこの売

図表 17-4　M&A 売却案件の売上高（構成比）

| | 全案件 | | 会社売却案件 | | 事業売却案件 | |
|---|---|---|---|---|---|---|
| | 前期 | 今期 | 前期 | 今期 | 前期 | 今期 |
| 30〜50億円 | 0.4% | 0.6% | 0.8% | 1.0% | 0.0% | 0.0% |
| 10〜30億円 | 1.7% | 1.7% | 3.1% | 3.1% | 0.0% | 0.0% |
| 5〜10億円 | 3.4% | 4.1% | 6.3% | 7.2% | 0.0% | 0.0% |
| 3〜5億円 | 3.8% | 4.7% | 4.7% | 4.1% | 2.7% | 5.3% |
| 1〜3億円 | 8.4% | 10.5% | 11.0% | 15.5% | 5.4% | 4.0% |
| 5,000万円〜1億円 | 7.6% | 18.0% | 7.9% | 20.6% | 7.2% | 14.7% |
| 3,000〜5,000万円 | 9.7% | 11.0% | 11.8% | 10.3% | 7.2% | 12.0% |
| 1,000〜3,000万円 | 18.1% | 23.3% | 16.5% | 18.6% | 19.8% | 29.3% |
| 500〜1,000万円 | 13.0% | 9.3% | 10.2% | 6.2% | 16.2% | 13.3% |
| 300〜500万円 | 4.6% | 3.5% | 4.7% | 3.1% | 4.5% | 4.0% |
| 100〜300万円 | 3.8% | 7.0% | 3.9% | 5.2% | 3.6% | 9.3% |
| 0円〜100万円 | 25.6% | 6.4% | 18.9% | 5.2% | 33.3% | 8.0% |
| 合計 | 100.0% | 100.0% | 100.0% | 100.0% | 100.0% | 100.0% |

注：今期は下記サイト掲載時点での当事者見込み額。構成比は「合計件数−不明件数」に対する比率。
出所：M&A Cloud 公式ウェブサイト「売却案件一覧」（https://macloud.jp/selling_targets, 2020
　　年 12 月 24-25 日閲覧）より筆者作成。

上高規模が，売却案件のボリュームゾーンであるといえる。なお，それより上
の２つの区分もそれぞれ５％を超える構成比をもっているため，それを加えた
500 万円〜３億円の合計区分の構成比をみると，全案件，会社売却案件，事業
売却案件のいずれでも約 56〜57％となる。

　興味深い点は，前期と今期の構成比が異なる点である。特に 0〜100 万円の
構成比が著しい変化（減少）を示している。その一方，5,000 万円〜１億円の
構成比が大幅に変化（増加）している。そのほかにも事業売却案件の 100〜
300 万円や 1,000〜3,000 万円にも大きな変化（増加）がみられる。全体的に
は，前期より今期のほうが売上高が高い印象を受ける。今期の売上高はあくま
で見込み値であるため，当事者の期待を反映している部分も含まれている可能
性も考えられるが，この表に依拠すれば，今期の売上高の減少が契機となって
自社の売却を登録したという案件は必ずしも多くないと推測される。

　この点をさらに考察するために作成したのが図表 17-5 である。図表 17-5
は，売却案件１つ１つの前期売上高および前期営業損益の区分と，今期見込み

売上高および今期見込み営業損益の区分が変化したかを分類した表である。前期の金額区分が今期の金額区分を上回っていた案件の場合，売上高では「増収」，営業損益では「増益」とし，その逆は「減収」および「減益」としている。前期と今期の金額区分が変わらない案件では「変化なし」としているが，売上高は増収で営業損益が変化なしの案件は「増収のみ」，その逆は「増益のみ」としている。

　今期見込みが不明の「不明」案件を除くと，最も多い変化パターンは「増収増益」であり，会社売却案件では全体の1/3，事業売却案件では18％がこれに該当する。また「増益のみ」も多く10〜11％を占めている。その他では，「増収のみ」と「減益のみ」が5％前後となっているが，それ以外は3％以下である。なお，「変化なし」は2番目に多く，全案件で13.4％である。全体的には，増収および増益の割合が多く，減収や減益は少ないことがわかる。あくまで掲載時点における売却案件当事者による今期見込みベースの売上高および営

図表 17-5　M&A 売却案件の売上高・営業損益の変化状況（構成比）

| | 全案件 | 会社売却案件 | 事業売却案件 |
|---|---|---|---|
| 増収のみ | 4.6% | 2.4% | 7.2% |
| 増収増益 | 26.5 | 33.9 | 18.0 |
| 増収減益 | 2.9 | 2.4 | 3.6 |
| 減収のみ | 2.9 | 3.1 | 2.7 |
| 減収増益 | 1.3 | 1.6 | 0.9 |
| 減収減益 | 2.1 | 0.0 | 4.5 |
| 増益のみ | 10.5 | 11.0 | 9.9 |
| 減益のみ | 5.0 | 6.3 | 3.6 |
| 変化なし | 13.4 | 11.0 | 16.2 |
| 不明 | 30.7 | 28.3 | 33.3 |
| 計 | 100.0 | 100.0 | 100.0 |

注：各案件の下記サイト掲載時点での前期売上高および前期営業損益の区分と，同時点の今期見込み売上高および今期見込み営業損益の区分の変化の有無・増減により分類した。「変化なし」は前期の売上高および営業損益と今期見込みのそれらが同じ金額区分になっている案件。区分は図表17-3, 17-4の区分と同様。
出所：M&A Cloud 公式ウェブサイト「売却案件一覧」（https://macloud.jp/selling_targets，2020年12月24-25日閲覧）より筆者作成。

業損益に基づいた考察であるが，やはり昨年度対比での業績の悪化が主な要因
となった企業が売却案件の多数を占めているとはいえない。

## 5．売却理由のタイプ分類

　それでは，自身の会社や事業を売却するのはなぜだろうか。ここでは，売却
案件の売却理由について，独自のタイプ分類により，その状況を考察する。
　「M&A クラウド」では，個々の売却案件の売却理由について，案件当事者
が記載した文面が公開されている。この文面は自由記述であるため，統一した
基準でのタイプ分けは行われていない。そこで筆者が元の売却理由文に基づ
き，各案件について，独自の視点から以下の8つのケースタイプに分類して集
計を行った。

### ⑴　事業の再編成
　これは，その事業を運営する親会社（あるいはオーナー等）の事業ポート
フォリオの見直しのためにその事業を売却するケースである。このケースは次
の3つのタイプに分かれる。

### ①　新規事業への投入
　これは，その事業の売却により得た資金を，これから手掛ける（あるいは開
始後間もない）新事業の経営資源として投入することを企図した売却である。
これには，新事業の路線変更を含んでいる。

### ②　既存事業への集中
　これは，その事業の売却により得た資金を，本業を含む既存の別事業に投入
し，経営資源の集中を図るための売却である。

### ③　他事業への注力等
　これは，新事業への注力か既存事業への注力かは不明だが，その会社または
事業を売却して他の事業に経営資源を投入するための売却，あるいは詳細は不

明だか戦略の見直しによりその会社または事業を売却する場合である。

## ⑵　自力成長制約

　これは，現状の自社内の経営資源に制約があるため，その事業のさらなる成長を実現するには社外の経営資源を自社内に取り込む必要があるケースである。このタイプには，さらに“売却姿勢”の点で 3 つのタイプが存在すると推測される。

<br>

　　　　　　　　　　　　　　　　　↗　A　外部資源投入（持ち分維持）
初期成長　→　初期成長の限界　→　B　出資退出
　　　　　　　　　　　　　　　　　↘　C　完全退出

<br>

　A の外部資源投入（持ち分維持）とは，初期成長を達成した後のさらなる成長を実現するうえで必要となる外部の資源を取り込みながら，あくまで自社が経営の主体であり続けることを意図した場合である。具体的には，他社あるいは投資家との連携（資本提携や業務提携）を遂行し，自社が不足する資本あるいは専門スキルをもった人材・組織を取り込む。その代わりに部分的に出資を受け入れるが，親会社またはオーナー自身の持ち分は相当程度維持する。この場合，連携を希望する他社あるいは投資家が出現しても，出資の割合や条件に合意ができなければ，外部資源の取り込みは実現しないこととなる。

　B の出資退出とは，これまで手掛けてきた会社または事業のさらなる成長を希望し，そのためには他社からの資源投入が不可欠と判断する点は A と同じだが，親会社またはオーナーは自らの出資にはこだわらず（むしろ出資の引き揚げに積極的），代わりに一定の取引関係や交流関係を維持することを企図する点が異なる。創業者がその事業への思い入れを強く持っている場合，その事業の長期的な成長のためには，資本や人材に余裕がありかつシナジー効果を見いだせる大手企業の傘下に入ることを望むケースがこれに該当する。

　C の完全退出とは，親会社またはオーナーが自らの持ち株すべてを譲渡し，かつその後の取引関係等も継続しないことを受け入れる場合である。創業者の中には，立ち上げから初期の安定成長へと軌道に乗せるまでの段階に関与する

点で優れた能力を発揮するタイプが存在する。例えば，いわゆる連続起業家と呼ばれるタイプの経営者は，初期成長を達成した事業は他社に売却してその後は関与せず，その資金で新たな事業の立ち上げに注力する。完全退出はこれを含むタイプである。

　ただし，A，B，Cは完全に分離したものではなく，案件登録時には多様な可能性を想定している売り手が多い。そのため，売却理由文でも判別が困難であるため，②ではA，B，Cの区分けは行わない。

## (3)　財務的理由

　これは，その事業を維持継続するために必要な資金が不足する場合や，債務超過を解消する見通しが立たないケースである。

## (4)　環境急変

　これは，新型コロナウイルス感染の影響など，同業他社との競争環境以外の外部環境の急激な変化により事業運営に大きな支障をきたしているケースである。

## (5)　代表者等の事情

　これは，その事業の代表者個人あるいは運営者個人に関わる理由により事業の継続に困難が生じているケースである。

## (6)　上場準備

　これは，上場のためにその事業の売却が必要と判断したケースである。

## (7)　営業前撤退

　これは，製品やサービスを本格提供する段階に至る前の営業準備段階においてその後の活動を行わずその事業から撤退するケースである。

## (8)　不明

　売却案件の売却理由文に十分な情報が記載されておらず，上記7つのケース

のいずれに該当するかが判断できない案件はこのタイプに分類される。

　なお，これらの 8 タイプは必ずしも排他的な関係にあるものではなく，1 つの案件に複数のタイプが該当する場合もありうる。

　図表 17-6 は，すべての売却案件を上記 8 タイプに分類して集計した構成比である。会社売却案件で最も多い理由タイプは自力成長制約であり，合計の過半数を占める。これは，多くの会社売却案件において，自力成長での限界に直面した段階で売却が検討されることを示唆している。なお前述のように，このタイプには外部資源投入，出資退出，完全退出の 3 つの売却姿勢タイプがあるが，判別は困難である。筆者の印象では各タイプが一定程度存在していると思われる。次に多いのは事業の再編成であり 27.6％を占める。内訳として多いのは既存事業への集中だが，新規事業への投入も 9％強存在し大差はない。

　この 2 つのタイプは，事業売却案件においても最多の 2 つであるが，構成比は会社売却案件と正反対である。事業売却案件において事業の再編成の構成比が会社売却案件の 2 倍以上である理由は，事業売却という性質によるものと考えられる。自力成長制約の構成比が会社売却案件のそれの半分である理由は定かではないが，"事業" は "会社" よりも比較的容易に開始することができる分，初期成長に至る確率が低い，あるいは初期成長に至る前に売却を検討する場合が多いためかもしれない。なお，自力成長制約に含まれる一部のウェブ制作事業では，現在の新型コロナウイルス感染の影響で，需要が急拡大したがそれに応えるだけの人材等がいないため事業を売却するという例も存在する（それに類似する例も複数ある）。

　次に多いのは財務的理由だが，構成比は 10％前後に止まる。これらには新型コロナウイルス感染の影響で資金繰りがひっ迫したことによる例が一定程度存在する。しかし，実際には事業の再編成に含まれる案件の中には，同ウイルスの影響による事業の業績悪化が再編成の背景になっている場合も一定程度存在すると推測される。環境急変も多くは新型コロナウイルス感染の影響によるものだが，働き方改革に伴う急激なドライバー不足が売却理由とする長距離運送業者の事業売却案件も存在する。

　代表者等の事情の多くは後継者不足であるが，その構成比は 6.3％と必ずしも高くはない。後継者不足の中小企業はかなりの数存在するため，このタイプ

**図表 17-6　M&A 売却案件の売却理由タイプ（構成比）**

| | 全案件 | 会社売却案件 | 事業売却案件 |
|---|---|---|---|
| 事業の再編成 | 43.3　% | 27.6　% | 61.3　% |
| （うち新規事業への投入） | (14.3) | (9.4) | (19.8) |
| （うち既存事業への集中） | (21.0) | (11.8) | (31.5) |
| （うち他事業への注力等） | (8.0) | (6.3) | (9.9) |
| 自力成長制約 | 43.7 | 56.7 | 28.8 |
| 財務的理由 | 9.2 | 10.2 | 8.1 |
| 環境急変 | 2.9 | 3.9 | 1.8 |
| 代表者等の事情 | 6.3 | 6.3 | 6.3 |
| 上場準備 | 0.4 | 0.0 | 0.9 |
| 営業前撤退 | 1.7 | 2.4 | 0.9 |
| 不明 | 5.0 | 6.3 | 3.6 |

注：1つの案件に複数の売却理由が含まれることがあるため，構成比は，元の案
　　件数を分母として計算した。
出所：M&A Cloud 公式ウェブサイト「売却案件一覧」(https://macloud.jp/
　　selling_targets，2020 年 12 月 24-25 日閲覧）より筆者作成。

の構成比は今後増加すると見込まれる。

　なお，営業前撤退に該当する案件には，海外事業展開のための現地での法人
設立や各種免許取得，設備導入後，本格的な営業開始前に事業撤退が決断され
る例が多い。

## 6．おわりに

　本章は，M&A が中小企業においても積極的に利用されてきているとの現状
認識のもと，売り手として M&A を活用する中小企業の状況について，特徴
のある民間の M&A 仲介サービス業者の公開情報に基づいて考察してきた。
　その結果，社歴が若く小規模の会社や事業のみならず中規模以上の企業も売
り手として登録していること，完全な売却だけでなく資本参加などの資金調達
も併せて検討している企業が少なくないこと，売却案件の多くは債務超過に
陥っておらず業績に問題ない会社や事業であることなどが明らかになった。
　さらに，売却理由については独自のタイプ分類を行い，自力成長制約および
事業の再編成に該当するケースが多く，財務的理由や代表者個人の事情などは

それらよりかなり少ないことも明らかになった。

　これらの発見事実から浮かび上がってきたことは，自社および事業を売却することについて抵抗感をもたず，むしろ経営環境の変化に応じて躊躇なく売り手として名乗りを上げ，自らの目指す経営ビジョンを追求しようという現在の中小企業の柔軟かつ果敢な経営姿勢である。

　デジタル化の進展や気候変動への対応など，経営環境の大きな変化の中で自社の掲げるビジョンを実現するための有効な手法として，M&A は今後さらに活用が広がると予想される。その需要に対応していく中で，M&A 市場の担い手としての M&A 仲介サービスの質も高まっていくと推測される。

（文堂　弘之）

**謝辞**
　　本章を作成する上で必要となった M&A 売却案件の公開情報の図表化を許諾していただいた株式会社 M&A クラウド代表取締役 CEO 及川厚博様に厚く御礼申し上げます。

**注**
1　同社が展開する M&A マッチングプラットフォーム事業とは，着手金・成約手数料などすべて無料で手数料は買い手のみが支払う点や，買い手候補探しから売却完了までプロのアドバイザーへいつでも無料で相談ができる点が，一般的な M&A 仲介サービスと異なる。同社の 2 名の代表取締役は，2 人とも自身で事業承継問題に直面した経験をもとに同社を設立し，テクノロジーを活用して M&A 市場の拡大に貢献することを目指している。
2　パート・アルバイトの人数区分の構成比については，会社売却案件では正社員のそれとほぼ同じだが，事業売却案件では，5 人～10 人が 10.8%，10 人～30 人が 11.7% と正社員の構成比よりもかなり多い。

**参考文献**
株式会社 M&A クラウド「M&A クラウド」（https://corp.macloud.jp/）。
坂本恒夫・文堂弘之編著（2006）『図解　M&A のすべて』税務経理協会。
坂本恒夫・文堂弘之編著（2008）『ディール・プロセス別　M&A 戦略のケース・スタディ』中央経済社。
坂本恒夫・文堂弘之編著（2010）『M&A と制度再編』同文舘出版。
佐久間信夫・中村公一・文堂弘之編著（2017）『M&A の理論と実際』文眞堂。

# 第 18 章

# SDGs 時代の中小企業

## 1．新たな時代に求められる企業行動

　近年，ESG や SDGs といった言葉をよく耳にするようになってきた。これらの動向の背景には，環境問題や社会的課題に迅速に，また徹して取り組み克服しなければならないという時代に本格的に突入したことが示唆されている。本章では，ESG 投資および SDGs 普及によるビジネス界の変化をまず確認し，次に，これまで対応が遅れがちだった中小企業の動向を振り返る。最後に，中小企業の特徴を活かした，今後の中小企業独自の環境・社会問題に対するあり方を提案する。

　ESG とは，Environment（環境），Social（社会），Governance（企業統治）を 1 つにまとめた用語である。2006 年，国連のコフィー・アナン事務総長（当時）は，金融危機[1]を招いた一因ともいえる短期的な利益を追求してきた機関投資家の行動に警鐘を鳴らし，ESG に配慮した投資を行うように促した。この考え方に賛同した金融機関は，模範とすべき投資行動の原則（PRI：Principle Responsible Investment）[2]に署名する。そして，この原則に従って，投資先企業の ESG への対応をともに推進していくよう行動していく。この原則の署名機関数は年々増加しており，2021 年 1 月現在で 3,000 を超える（うち日本の機関は，87 社）[3]。発足当初は，原則に署名するのみで，署名機関は目立った行動を起こすことがなく，影響力もあまりなかった。しかし，近年では，署名機関の運用資産額[4]も大きくなり，「ESG 投資」と呼ばれる波及力のある投資形態に姿を変えてきた。当然，投資対象となる企業にもその影響は及んでくる。企業は，これまで以上に，ESG に配慮した企業行動をとっていか

なくてはならなくなってきた。

　一方で，この影響は，機関投資家の投資対象である上場企業に関するもので
あって，中小企業には及ばないといった見方もある。しかし，実際には，中小
企業が上場企業の下請や関連会社であったり，また取引先であったりするため
に無関係ではない。例えば，EU が化学物質の規制を強化したり，国内でも環
境配慮型製品を積極的に購入するグリーン調達や温室効果ガスの排出削減が求
められたりした際には，その対応はサプライチェーン全体に及ぶ。とりわけ，
環境法や関連規制が敷かれた際には，サプライチェーン上にある中小企業に
もその遵守が要求されることになる。金融市場全体で ESG 投資が加速する昨
今，中小企業も，本格的に ESG 問題に対峙しなくてはならない時代に入った
といえる。

　この状況をさらに加速させているのが SDGs（Sustainable Development
Goals）である。PRI に基づく ESG 投資と同様に国連が提唱しており，2030
年までに，環境や社会問題に関する 17 の目標を達成することを目的としてい
る。SDGs は，企業だけでなく，国家としても，また，あらゆる組織や消費
者，一市民の立場としても行動を起こしていくことが肝要である。経済活動の
要となる企業は，規模の大小に関わらず，その行動が大きく左右することは
言うまでもない。SDGs の目標達成への行動は，サプライチェーン全体の動き
だけでなく，地域や NPO，NGO といったより広範な連携が求められる。2030
年までという期間限定の目標ではあるが，中小企業にとっても取り組みが求め
られるものである。

　以下に，ストックホルム大学，ストックホルム・レジリエンス・センター
所属の環境学者であるヨハン・ロック・ストローム氏と環境経済学者パヴァ
ン・スクデフ氏によって，3 層に分類された 17 の目標を図示する（図表 18-1
参照）。両氏は，17 の目標を，大きく「生物圏」，「社会圏」，「経済圏」の 3 つ
に分類している。その形態から，SDGs のウェディングケーキと呼称されてい
る。これにより，自社が，どの層の課題に，より積極的にアプローチしている
かを理解することができる。また，コスト，マンパワー等に余裕のない中小企
業の場合，すべての課題に網羅的に取り組むのではなく，自社の強みや特徴に
合わせて課題に取り組むことが肝要である。

図表 18-1　SDGs の達成目標の分類

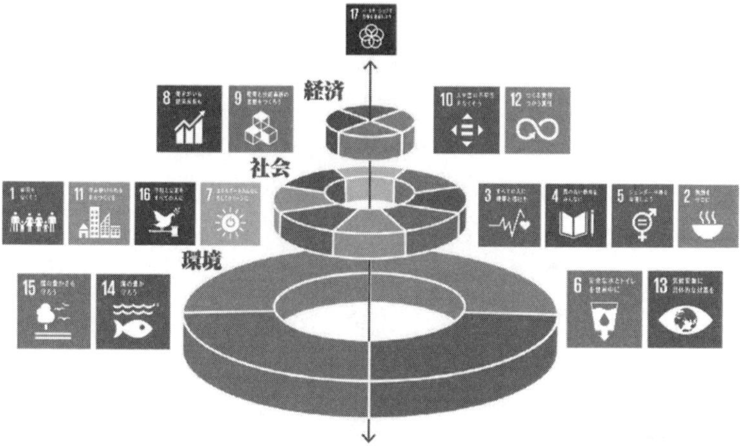

出所：ストックホルム・レジリエンス・センターホームページ（https://www.stockholm
resilience.org/research/research-news/2016-06-14-how-food-connects-all-the-
sdgs.html, 2021 年 2 月アクセス）。原図は，下から「Biosphere」，「Society」，
「Economy」と表記されている。

## 2．これまでの中小企業の環境・社会問題取り組みの姿勢

　環境問題や社会問題への対応は，中小企業のみならず，大企業であってもコストや時間的な制限から本業への圧迫と捉えられ後回しにされてきた。あるいは，資金面に余裕がある大企業のみが対応できると，長年，考えられてきた。実際に，環境省による企業の環境対応への行動に対する調査（平成 21 年度発表）によると，例えば，環境対応に関する国際認証規格である ISO14000 の取得状況を見ると，大企業と中小企業（調査では上場企業と非上場企業）では，調査のスタート年度時（平成 8 年度）は，大差がなく低い数値を示し，ともに右肩上がりで推移しているものの，その取得件数は徐々に開きができている（図表 18-2 参照）。また，10 年後の平成 30 年度の環境ビジネスの実施状況の調査でも，中小企業（非上場企業）の取り組みは，大企業（上場企業）に比べて低い傾向にある（図表 18-3 参照）。

　このような結果は，先にも述べたが，資金面や人材面で余裕のない中小企業

図表 18-2　大企業と中小企業の ISO14001 の認証取得状況

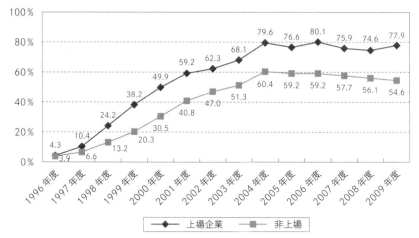

出所：環境省ホームページ「環境にやさしい企業行動調査　平成21年度（平成20年度の取組調査）」（http://www.env.go.jp/policy/j-hiroba/kigyo/h20/gaiyo.pdf，2021年度2月アクセス）。

にとって，環境問題への対応が後手に回ってしまいがちであることを示している。あるいは，事業とは直接関係ないと思われる環境対応は，一部の中小企業の経営者にとって，経営戦略や計画の中には皆無な存在であることも推察できる。

　この傾向は，環境問題だけでなく社会問題に対しても同様であると考えられる。近年，児童や外国人労働者に対する不当な労働環境が諸外国で問題として取り上げられている。これらの問題は，SDGs の克服すべき目標として掲げられており，とりわけ海外においては，社会的な問題として注視されている[5]。また，金融市場においても ESG 投資の普及に伴い，投資判断の項目に列挙されている。日本の社会では，こうした問題はあまり認知されていなかったこともあり，大企業が海外拠点のサプライチェーン上で関連があることを，ようやく認識し始めたところである。しかし，このような国際的な大きな課題ではなくても，ワークライフバランスといった考えの普及とともに，中小企業でも労働環境の整備は，いち早く善処すべきものである。SDGs 目標の8番「働きがいも経済成長も」に象徴されている。

　以上のように，中小企業は，環境問題や社会的問題に対して，これまでの消

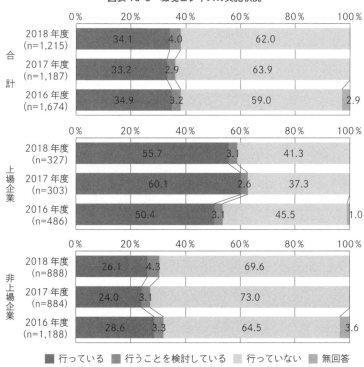

図表 18-3　環境ビジネスの実施状況

出所：環境省ホームページ「環境にやさしい企業行動調査　令和元年度（平成 30 年
度の取組調査）」(http://www.env.go.jp/policy/H31GaiyoShiryo.pdf, 2021 年度
2 月アクセス) をもとに和暦を西暦に修正。

極的な姿勢を改め，様々な課題に挑戦すべき段階を迎えていると言える。

## 3．中小企業の環境・社会問題に対する新たな取り組みとその特徴

　企業はその規模に関わらず，国連に後押しされた国際的な取り組みの中で環
境問題や社会問題に本格的に取り組む時代に入ったこと，また，これまでの中
小企業は，消極的な姿勢を見せていたが，迅速な変化が望まれていることを，
ここまでに確認した。

　最後に，中小企業の特徴を述べつつ，それを活かした環境問題や社会問題に
対する今後の対応について提案する。ここでは，機動性，経営者のリーダー

シップ，グリーンインフラの3つの視点で論じる。

## ⑴　規模に伴う機動性

　近年，「ソーシャルビジネス」という形態が世界中で普及し，日本においてもその存在が注目されている。ソーシャルビジネスについて，経済産業省では，「地域社会においては，環境保護，高齢者・障がい者の介護・福祉から，子育て支援，まちづくり，観光等に至るまで，多種多様な社会課題が顕在化しつつあります。このような地域社会の課題解決に向けて，住民，NPO，企業など，様々な主体が協力しながらビジネスの手法を活用して取り組むのが，ソーシャルビジネス（SB）／コミュニティビジネス（CB）です」と定義している[6]。すなわち，設立目的にすでに，環境・社会問題の解決が課題として取り込まれており，ビジネスとの両立を目指す新たなビジネス形態である。ソーシャルビジネスは，中小企業やベンチャービジネスがその事業規模から，機動性を活かして取り組むことのできる特徴を活かしていると言えよう。

　また，一般企業が環境・社会問題に対して取り組む際には，その理念を従業員へ浸透させることが不可欠である。例えば「環境教育」といった形で，社内教育の一環として位置づけている大企業も多いが，組織の規模が大きくなるにつれ，全社員に浸透させることは困難を伴う。一方で，中小企業の場合は，「環境教育」や社会問題に対する意識の啓発について一貫した理念を提示できれば，比較的，社内に浸透しやすく，また，従業員からの提案もしやすい環境にある。

## ⑵　経営者のリーダーシップによる浸透性

　経営仲間との勉強会でSDGsの概念を知ったある中小企業の経営者は，これまでの，一般的な利益活動を中心とした事業形態から，より社会に貢献する会社経営を目指すようになった。その結果，前述の社内教育を徹底し，貧困国と言われるアジアの国の女性を支援するビジネスを社内に立ち上げた。これは，従業員からの声を吸い上げたものである。一方，大企業では，CSRやサスティナビリティ（環境や社会問題に配慮した企業の持続可能性）に関連する部署があり推進を図る構造をよく目にするが，経営者層からの理解を得ることや社内

の活動に結び付けることが困難であるといった担当者の声を，しばしば耳にする。その一方で，中小企業はトップが環境・社会問題の重要性を認識することができれば，①で述べた中小企業の機動性との相乗効果で，新たなビジネスにも結び付くような成果を生むことも可能である。

## ⑶　グリーンインフラの整備

　繰り返し述べているように，環境や社会的な課題に企業が取り組む際には，しばしばそれに伴うコストが弊害として挙げられる。とりわけ，大企業と比較して資金力が乏しい中小企業は，そうした資金面で余裕がないことが，取り組みの遅れや理由に紐づけられている。しかし，近年では，冒頭にあげた ESG 投資の普及で巨額の資金が金融市場に投入され，上場企業だけでなく，ソーシャルビジネスの担い手であるベンチャービジネスにも資金が投じられるようになってきている。こうした動きは海外に散見されるが，政府が気候変動対策に本格的に着手したことで，日本の金融市場にも変化が起き始めている[7]。例えば，地方銀行が，中小企業でも活用しやすいように，環境事業のための資金調達手段としてグリーンボンドの発行を後押しするといった事例が活発化してきている。また，再生可能エネルギーの技術も普及し，いわゆる再エネコストも低下傾向にある。こうしたグリーンインフラを積極的に活用することで，中小企業も環境問題に取り組みやすい環境が整い始めている。

　以上のように，これからの中小企業は弱点を強みに変え，その特徴を活かしていくことで，中小企業自体のサステナビリティ（持続可能性）を図り，新たな時代に生き残っていくことを期待したい。

（野村 佐智代）

注
1　PRI 提唱の 1 年後の 2007 年に，アメリカでリーマン・ショックと言われる金融破綻が顕在化した。
2　投資原則（PRI）は 6 原則あるが，詳細にはついては，以下を参照。https://www.unpri.org/download?ac=10971（2021 年 2 月アクセス）。
3　PRI ホームページ（https://www.unpri.org/pri/about-the-pri，2021 年 2 月アクセス）。
4　署名機関の運用資産額は，103 兆ドルを超える。同上，PRI ホームページ。
5　例えば，SDGs 目標の 1 番「貧困をなくそう，」10 番「人や国の不平等をなくそう」といった項目が該当する。

6　経済産業省ホームページ（https://www.meti.go.jp/policy/local_economy/sbcb/index.html，2021 年 2 月アクセス）。

7　2020 年 10 月 26 日，菅義偉首相は，所信表明演説において，2050 年までに温室効果ガスを実質ゼロにすると述べた。また，政府は，脱炭素社会に向けて，2 兆円の基金を立ち上げ，企業に再生可能エネルギーの移行を促すと発表した（『日本経済新聞』2021 年 1 月 26 日）。

### 参考文献

『日本経済新聞』2021 年 1 月 26 日。

環境省ホームページ「環境にやさしい企業行動調査　平成 21 年度（平成 20 年度の取組調査）」（http://www.env.go.jp/policy/j-hiroba/kigyo/h20/gaiyo.pdf）。

環境省ホームページ「環境にやさしい企業行動調査　令和元年度（平成 30 年度の取組調査）」（http://www.env.go.jp/policy/H31GaiyoShiryo.pdf）。

PRI, 'What are the six Principles for Responsible Investment?' （https://www.unpri.org/）

# 索　　引

# 著者紹介 （執筆順）

坂本恒夫 （さかもと・つねお） ………………………………………………………… 第1章
　明治大学名誉教授，桜美林大学特別招聘教授，福島学院大学特任教授

林　幸治 （はやし・こうじ） …………………………………… 編者，はしがき，第2・14章
　大阪商業大学総合経営学部教授

古山　徹 （ふるやま・とおる） ………………………………………………………… 第3章
　嘉悦大学経営経済学部准教授

鳥居陽介 （とりい・ようすけ） ……………………………………………………… 第4・7章
　明治大学経営学部専任講師

木本康聖 （きもと・こうせい） ………………………………………………………… 第5章
　木本経営コンサルタント事務所所長

菅井徹郎 （すがい・てつお） …………………………………………………………… 第6章
　オフィスコモン代表

倉田哲郎 （くらた・てつろう） ………………………………………………………… 第8章
　倉田国際労務管理事務所所長　特定社会保険労務士
　東京都社会保険労務士会　自主研究会　国際労務研究会代表

森谷智子 （もりや・ともこ） …………………………………………………………… 第9章
　嘉悦大学経営経済学部教授

伊藤忠治 （いとう・ただはる） ……………………………………………………… 第10章
　中小企業診断士

落合孝彦 （おちあい・たかひこ） …………………………………………………… 第11章
　多摩大学経営情報学部教授

中西正行 （なかにし・まさゆき） …………………………………………………… 第12章
　肥銀キャピタル株式会社

徐　玉琴 （じょ・ぎょくきん） …………………………………………………… 第13・16章
　明治大学経営学部助教

百武仁志 （ももたけ・さとし） ……………………………………………………… 第15章
　筑波学院大学経営情報学部助教

文堂弘之 （ぶんどう・ひろゆき） …………………………………………………… 第17章
　常磐大学総合政策学部教授

野村佐智代 （のむら・さちよ） ……………………………………………………… 第18章
　創価大学経営学部准教授

## 編著者紹介

## 林　幸治（はやし・こうじ）

明治大学経営学部卒業，明治大学経営学研究科博士後期課程修了，博士（経営学）

大阪商業大学総合経営学部教授

日本中小企業・ベンチャービジネスコンソーシアム副会長

日本経営財務研究学会，中小企業学会，日本経営学会，証券経済学会，日本経済会計学会，日本財務管理学会会員

共著『新ベンチャービジネス論』税務経理協会，2020年。『企業財務と証券市場の研究』中央経済社，2018年。『M&Aの理論と実践』文眞堂，2017年。『経営力と経営分析』税務経理協会，2017年。『中小企業のアジア展開』中央経済社，2016年。『テキスト財務管理論（第5版）』中央経済社，2015年。『中小企業・ベンチャー企業論』有斐閣，2014年など。

〈日本中小企業・ベンチャービジネスコンソーシアム紹介〉

日本中小企業・ベンチャービジネスコンソーシアムは2002年に設立され，自立的な改革を進める中小業やITを基礎に勃興するベンチャービジネスを対象とし，学術研究や会員相互の情報交換により，中小企業の経営改革とベンチャービジネスの成長持続を支援することを目的として，年次大会，部会などを開催し活動しています。　　　　　（ホームページ：http://svcj.jp/）

### 新中小企業論

2021年6月15日　第1版第1刷発行　　　　　　　　　検印省略

編著者　　林　　　幸　治

著　者　　日本中小企業・ベンチャービジネスコンソーシアム

発行者　　前　野　　隆

発行所　　株式会社　文　眞　堂
東京都新宿区早稲田鶴巻町533
電　話　03（3202）8480
ＦＡＸ　03（3203）2638
http://www.bunshin-do.co.jp/
〒162-0041 振替00120-2-96437

製作・モリモト印刷
©2021
定価はカバー裏に表示してあります
ISBN978-4-8309-5131-2　C3034